에피쿠로스 쾌락

에피쿠로스(Epicurus)
(기원전 341-270)

현대지성 클래식 47

에피쿠로스 쾌락

EPICURUS: THE EXTANT REMAINS

에피쿠로스 | 박문재 옮김

현대
지성

일러두기

1. 에피쿠로스 학교("정원"이라고 불렸다) 제7대 수장이었던 아폴로도로스에 따르면, 에피쿠로스는 700권이 넘는 책을 썼다. 하지만 현재까지 온전히 남아 있는 것은 『헤로도토스에게 보낸 서신』, 『피토클레스에게 보낸 서신』, 『메노이케우스에게 보낸 서신』, 『주요 가르침들』, 이렇게 네 편이 전부다. 이 네 편은 모두 디오게네스 라에르티오스가 쓴 『저명한 철학자들의 생애와 사상』(Βίοι καὶ γνῶμαι τῶν ἐν φιλοσοφίᾳ εὐδοκιμησάντων) 제10권에 수록되어 있다. 1장 『에피쿠로스의 생애』와 4장 『현자론』은 디오게네스 라에르티오스가 쓴 글이다.
2. 1~6장과 함께, 7~8장 본문인 『에피쿠로스 어록』과 『에피쿠로스 저작들의 단편』은 Cyril Bailey, *Epicurus: The Extant Remains* (Oxford: Clarendon Press, 1926)에 수록되어 있으며 본서는 이 원서의 그리스어 원문을 번역했다.
3. 디오게네스가 남긴 사본들에는 그리스어로 '스콜리온'(σχόλιον, "주해, 해석")이라 불리는 난외주가 수록되어 있다. 스콜리온이 중요한 이유는 오늘날에는 사라졌지만 당시에는 존재했던 에피쿠로스의 저작들을 참고해 주해와 해석을 달았기 때문이다. 본서에서는 R. D. Hicks, *Lives of Eminent Philosophers* (Cambridge: Harvard University Press, 1925)에 있는 중요한 스콜리온의 그리스어 원문을 번역해 본문에서 대괄호([ ]) 안에 수록했다.
4. 1692년에 문헌학자이자 덴마크 왕실도서관 최초의 사서 마커스 메이보미우스는 그리스어 · 라틴어 대역본을 출간했는데, 그는 디오게네스 라에르티오스의 『저명한 철학자들의 생애와 사상』 각 권을 동일한 크기의 단락으로 나누어 번호를 매겨 출간했다. 이 책의 1~6장 본문 난외주에 매긴 단락 번호는 이를 따른다.
5. 그리스어로 된 모든 고유명사는 문체부의 외래어 표기법을 따랐고, 고유명사 이외의 그리스어를 음역할 때는 그리스어 원래 발음을 그대로 표기했다.
6. 본문 각주는 모두 옮긴이가 붙였다.

차례

Epicurus: The Extant Remains

01

에피쿠로스의 생애

메트로도로스[1]가 『태생의 고귀함』에서 말했듯, 네오클레스와 카 1
이레스트라타의 아들 에피쿠로스는 아테네의 가르게투스 구역[2] 필라이다이 가문 출신이다. 헤라클레이데스는 『소티온 요약집』[3]에서 아테네인들이 사모스[4]를 식민지로 개척했는데, 에피쿠로스는 그곳에서 자랐다고 말하고, 다른 사람들도 그렇다고 한다.

에피쿠로스는 18살 때 아테네로 왔는데, 당시에는 크세노크라테스가 아카데메이아를 담당하고 있었고, 아리스토텔레스는 칼키

---

1 "메트로도로스"는 에피쿠로스의 주요 제자 중 한 명이며, 에피쿠로스는 유언에서 매년 자신을 기리는 추모식을 거행하라고 말한다.

2 고대 아테네의 "구역"(δῆμος) 체제는 기원전 508년 즈음 아테네 민주주의의 아버지라 불린 클레이스테네스(기원전 약 570-508년)라는 입법자가 세웠다. 그는 아테네 전체를 139개 구역으로 나누고, 세 구역이 하나의 부족을 형성하게 했다.

3 여기에 언급된 "헤라클레이데스"는 지구는 지축을 중심으로 24시간마다 한 번 회전한다고 말한 고대 그리스 천문학자 헤라클레이데스(기원전 약 388-315년)와 구별하기 위해 "헤라클레이데스 렘보스"(기원전 2세기 활동)라고 부르는데, 그는 고대 그리스의 정치가, 역사가, 철학 저술가였다. 『소티온 요약집』은 알렉산드리아의 소티온이 쓴 『철학자들의 계보』를 요약한 책이다. 전기 작가였던 소티온(기원전 2세기 활동)이 쓴 이 책은 디오게네스 라에르티오스(기원후 3세기 전반 활동)가 쓴 『철학자들의 생애와 사상』의 중요한 자료가 되었다.

4 "사모스"는 아나톨리아 반도(지금의 터키) 인근 동부 에게해의 섬으로, 그리스가 기원전 352년(또는 351년)에 식민지로 개척했다. 따라서 에피쿠로스는 그리스인들이 거기에 정착한 지 10년쯤 후 그곳에서 태어났다.

스에 가 있었다.[5] 마케돈의 알렉산드로스가 죽고, 아테네인들이 페르디카스에 의해 사모스에서 추방되자, 에피쿠로스는 아버지가 있는 콜로폰으로 가서 그곳에 머물렀다.[6]

2 에피쿠로스는 그곳에서 한동안 머물며 제자들을 모으다가 아낙시크라테스가 아르콘으로 있던 때에 다시 아테네로 돌아왔다.[7] 그는 다른 철학자들과 함께 활동했지만, 얼마 후에는 자기 이름을 딴 학교를 세우고 자신의 독자적인 사상을 전파했다.

에피쿠로스는 자신이 14살 때 처음으로 철학을 접하게 되었다고 말한다. 에피쿠로스학파에 속한 아폴로도로스[8]는 『에피쿠로스의 생애』 제1권에서 에피쿠로스는 문법학교 교사들이 헤시오도스

---

5 이때가 기원전 323년이었다. "크세노크라테스"(기원전 396-314년)는 플라톤의 친구로 기원전 339(338)년에서 314(313)년까지 25년 동안 플라톤이 세운 아카데메이아의 원장으로 있었다. "아리스토텔레스"(기원전 384-322년)는 플라톤의 제자이자 소요학파의 창시자로, 알렉산드로스가 죽은 후 기원전 322년에 아테네에서 반마케도니아 운동이 일어나 불경죄로 기소되자, 어머니 가문의 영지가 있는 에우보이아 섬의 "칼키스"로 피신했고 거기서 죽었다.

6 "마케돈"은 마케도니아를 가리킨다. '고지대 사람들'이라는 뜻을 지닌 마케도니아는 그리스 반도의 가장 북쪽에 있는 지역이다. "알렉산드로스" 대왕(기원전 356-323년)은 아리스토텔레스의 제자였다. 알렉산드로스 대왕의 대장군이었던 "페르디카스"(기원전 355-320년)는 대왕 사후 마케도니아의 권력을 실질적으로 장악한 인물로 기원전 322년에 사모스에서 아테나인들을 추방했다. "콜로폰"은 동부 에게해 아나톨리아 반도 서안에 있던 그리스 식민지인 이오니아 지역에 속한 도시로, 사모스 섬에서 가까운 곳이었다.

7 "아낙시크라테스"에 대해서는 알려진 바 없다. "아르콘"은 '통치자'라는 뜻으로, 고대 그리스의 도시국가에서 귀족정 시기에 다스렸던 최고 관리를 지칭했다. 에피쿠로스가 다시 아테네로 돌아온 때는 기원전 307-306년이었다.

8 "아폴로도로스"(기원전 2세기 활동)는 아테네에 있던 에피쿠로스 학교의 수장이었다. 에피쿠로스 철학자들은 주로 이 학교의 정원에 모여 철학을 토론했으므로 "정원"(the Garden)이라 불렸는데, 아폴로도로스는 "정원의 독재자"로 통했다.

의 글에 나오는 카오스를 제대로 설명하지 못하는 것을 보고 실망해서[9] 철학에 입문하게 된 것이라고 말한다. 하지만 헤르미포스는, 에피쿠로스는 처음에는 문법학교 교사였지만 데모크리토스의 책들을 우연히 접하면서 철학에 눈을 돌리게 되었다고 말한다. 그 3
래서 티몬[10]도 에피쿠로스에 대해 이렇게 말한다. "자연철학자 중에서 가장 후안무치한 자, 사모스에서 온 문법학교 교사, 모든 살아 있는 것 중에서 가장 완고하고 다루기 힘든 자."

에피쿠로스학파에 속한 필로데모스[11]는 『철학자 총람』 제10권에서 에피쿠로스의 설득으로 그의 형제인 네오클레스, 카이레데모스, 아리스토불로스도 철학을 했다고 말한다. 또한, 미로니아노스는 『역사 속의 서로 비슷한 중요 사건들』에서 미스[12]라는 이름의 노예도 철학을 했다고 말한다.

---

9 기원전 8세기에 활동한 "헤시오도스"는 고대 그리스의 대표적인 서사시인으로, 이오니아파였던 호메로스와는 달리 보이오티아파 서사시인으로 종교적이고 교훈적이며 실용적인 특징을 보이는 서사시를 썼는데, 『일과 날』, 『신들의 계보』가 대표작이다. "카오스"는 혼돈이라는 뜻으로, 태초의 혼돈 상태를 가리킨다. "문법학교 교사들"은 글을 읽고 쓰는 것을 가르치는 선생들이었고 자연철학자들이 아니었으므로 "카오스"를 제대로 설명할 수 없었다.

10 "헤르미포스"에 대해서는 알려진 것이 없다. "데모크리토스"(기원전 약 460-370년)는 고대 그리스 자연철학자로 원자론을 체계화한 인물이다. "티몬"(기원전 약 320-235년)은 고대 그리스 피로학파의 철학자로 풍자시들로 유명하지만, 디오게네스 라에르티오스에 의하면 『감각』, 『탐구』, 『지혜론』과 같은 철학적 주제에 관한 2만 행에 달하는 글도 썼다.

11 "필로데모스"(기원전 약 110-40년)는 아폴로도로스의 뒤를 이어 아테네 에피쿠로스학파의 수장이 된 시돈의 제논에게서 배웠고, 키케로와 동시대에 로마에서 활동했다.

12 "미로니아노스"에 관해서는 알려진 것이 없다. "미스"는 에피쿠로스 집안의 노예였는데, 에피쿠로스는 그에게 철학을 가르쳤고, 그를 노예에서 해방시키라는 유언을 남겼다.

에피쿠로스에게 적대적이었던 스토아학파 철학자 디오티모스는 50통의 음란한 서신을 에피쿠로스가 썼다고 조작해 그를 가장 신랄하게 비방했고, 어떤 자는 크리시포스가 쓴 것으로 보이는 서신들을 모아 에피쿠로스가 썼다고 나열하기도 했다.[13]

4 또한, 스토아학파에 속한 포세이도니오스와 그의 제자들, 니콜라오스, 할리카르나소스의 디오니시오스도 에피쿠로스를 비방했고,[14] 소티온도 『디오클레스의 논쟁문들』 제12권에서 에피쿠로스학파의 축제를 반박하는 글을 써서 에피쿠로스를 비방했다.[15]

그들은, 에피쿠로스가 어머니와 함께 집집마다 돌아다니며 죄를 정화해주는 주문을 외우는 일을 했고, 형편없는 보수를 받고 아버지와 함께 글을 가르쳤다고 말한다.[16] 또한, 그들은 에피쿠로스

---

13 "디오티모스"에 대해서는 알려진 것이 없다. "크리시포스"(기원전 약 280-206년)는 고대 그리스 철학자로, 키프로스의 제논, 클레안테스와 함께 스토아학파를 창립하고, 제3대 수장이 된 인물이다. 세계는 신적 로고스에 의해 지배되고, 모든 불행은 로고스의 질서에서 일탈함으로써 생기므로, 정신의 행복을 위해서는 로고스를 연구하는 학문인 논리학을 알아야 한다고 주장했다. 하지만 여기에 언급된 인물이 이 크리스포스인지는 확실하지 않다.

14 "포세이도니오스"(기원전 약 135-51년)는 아테네 스토아학파의 수장 파나이티오스(기원전 약 185-110년)에게서 배운 후 스토아 철학을 로마 세계 전역에 전파했는데, 당시 가장 박식한 인물로 알려져 있었고, 키케로도 스토아학파의 철학을 얘기할 때 그의 글을 인용했다. "니콜라오스"(기원전 1세기 활동)는 그리스의 역사가이자 철학자로, 아리스토텔레스의 저작에 관한 주석서들을 썼다. "할리카르나소스의 디오니시오스"(기원전 60-7년)는 로마 아우구스투스 황제 시대에 활동한 그리스 역사가다.

15 에피쿠로스학파에 속한 사람들은 매달 20일에 창시자 에피쿠로스를 기리는 축제를 열었다. "디오클레스"는 기원전 3-2세기에 활동한 그리스 철학자로, 아르케실라오스가 아카데메이아의 수장이 되면서 기원전 266년에 시작되어 기원전 90년까지 이어진 회의주의적인 플라톤 철학을 받아들여 『논쟁문들』이라는 책을 썼다.

의 제자 중 하나는 매춘을 했고, 기녀 레온티온과 동거했다고 말하고,[17] 에피쿠로스는 데모크리토스의 원자론과 아리스티포스의 쾌락론[18]을 마치 자기 것인 양 가르쳤다고 말한다.

또한, 그들은 에피쿠로스가 진정한 아테네 시민이 아니라고 하는데, 티모크라테스[19]도, 헤로도토스도 『에피쿠로스의 청소년기』에서 그렇게 말한다.

또한, 그들은 에피쿠로스가 자기 서신들에서 리시마코스의 시종 미트레스를 "구세주" 혹은 "주인님"이라고 부름으로써 낯 뜨거운 아부를 했다고 말한다. 또한, 그들은 이도메네우스, 헤로도토
5
스, 티모크라테스가 자기 비밀들을 폭로했는데도, 에피쿠로스는

---

16 에피쿠로스의 아버지 "네오클레스"는 문법학교 교사였고, 에피쿠로스는 이 일을 거든 것이라고 하지만, 앞에서 "헤르미포스"는 에피쿠로스가 처음에는 문법학교 교사였다고 말한다.

17 여기에 언급된 에피쿠로스의 제자는 "메트로도로스"다. 고대 그리스에는 매춘을 하는 여자가 두 종류 있었다. 하나는 사창가나 길거리에서 남자들을 유혹해 성을 제공하고 돈을 받는 '프로나이'(πόρναι)라는 창녀였고, 다른 하나는 한 번에 오직 소수의 남자들에게만 성을 제공하고 오랫동안 관계를 맺으며 지적 대화 상대와 동반자가 되어 주는 '헤타이라'(ἑταίρα)라는 "기녀"였다. 기녀는 예술가이자 예능인으로서 고등교육을 받았고, 다른 여자들과는 달리 식사 후에 열리는 향연에도 참가해 음악과 춤, 시 낭송, 대화에 참여하기도 했다. "레온티온"은 에피쿠로스의 가장 뛰어난 제자들 중 한 명으로, "메트로도로스"의 연인이었다.

18 "아리스티포스"(기원전 약 435-356년)는 고대 그리스의 쾌락주의 철학자로, 소크라테스의 제자 중 한 명이었고, 가장 초기의 소크라테스 학파들 중 하나인 키레네학파를 창시했다. 그는 적극적으로 감각적인 쾌락을 즐기는 것이 유일하게 본성적인 선이라고 주장하면서, 강렬하고 순간적인 쾌락의 축적이 행복이라고 가르친 반면, 에피쿠로스는 그런 쾌락을 배척하고 '고통의 부재'를 행복이라고 가르쳤다는 점에서 서로 다르다.

19 "티모크라테스"는 메트로도로스의 형제로 에피쿠로스의 제자였다가 그 후에 학교를 떠났다. "헤로도토스"는 에피쿠로스의 제자로, 에피쿠로스가 그에게 쓴 서신이 현존한다.

그들을 칭송하여 아부했다고 말한다.[20] 또한, 그들은 에피쿠로스가 레온티온[21]에게 보낸 서신들에서 "구세주이자 주인님이신 친애하는 레온티온이여, 우리는 당신의 서신을 들으며 우레와 같은 박수갈채를 보냈습니다"라고 썼다고 말한다.

또한, 그들은 에피쿠로스가 레온테우스에게 보낸 서신에서 그의 아내 테미스타에게 "당신들이 내게 오지 않겠다면, 당신과 테미스타가 나를 불러주기만 한다면 그곳이 어디든 나는 삼단뛰기[22]를 해서라도 달려갈 것입니다"라고 썼다고 말한다. 또한, 그들은 에피쿠로스가 젊고 아름다운 피토클레스에게는 "나는 앉아서 당신의 신 같은 미모를 기다리겠다"라고 했다고 말한다. 또한, 테오도로스[23]는 『에피쿠로스를 반박함』 제4권에서 에피쿠로스가 테미

---

20 "리시마코스"(기원전 약 360-281년)는 알렉산드로스 대왕의 후계자로, 기원전 306년에 트라케, 소아시아, 마케돈의 왕이 되었다. "구세주"로 번역한 '파이안'(Παιάν)은 원래 신들의 의사였던 인물의 이름으로 '치료자'라는 뜻이었지만, 나중에는 아폴론 신의 별명이 되었다. "이도메네우스, 헤로도토스, 티모크라테스"는 모두 에피쿠로스의 제자들이다.

21 여기 언급된 "레온티온"은 앞에 나온 기녀 "레온티온"과 다른 인물로, "람프사코스의 레온테우스"라고 불리고, "테미스타"의 남편이다. 고대 그리스의 지리학자이자 역사가인 스트라보(기원전 약 64-24년)는 레온테우스가 이도메네우스와 함께 람프사코스에서 가장 유능한 사람 중 하나였다고 말한다. "람프사코스"는 아나톨리아(소아시아) 헬레스폰토스 연안에 있던 고대 그리스의 식민도시다. 또한, 고대 그리스 역사가 플루타르코스(기원후 약 46-119년)에 의하면, 레온테우스는 자기 서신에서 에피쿠로스가 데모크리토스를 아주 존경했고 처음에는 자신을 "데모크리토스학파 철학자"로 자처했다고 썼다.

22 "삼단뛰기"는 먼저 도움닫기로 달려가서, 한 발로 발구름을 해 착지한 후, 곧바로 반대편 발로 착지함과 동시에 점프하는 도약경기다.

23 "테오도로스"(기원전 약 340-250년)는 키레네 출신의 고대 그리스 철학자로, "아리스티포스"(기원전 약 435-356년)가 창시한 키레네학파에 속한 인물이고, 무신론에 관한 주장으로 유명하다. 그는 기쁨을 추구하고 슬픔을 피하는 것이 인생의 목적이라고 주장했다.

스타에게 쓴 서신에서 아부하는 말로 그녀를 불렀다고 말한다. 또 6
한, 그들은 에피쿠로스가 다른 많은 기녀에게도 서신을 썼고, 특히 메트로도로스와 열렬히 사랑했던 레온티온에게 서신을 썼다고 말한다.

또한, 그들은 에피쿠로스가 『인생의 목적』에서 "맛을 통한 쾌락을 제거하고, 성애를 통한 쾌락을 제거하고, 들리는 것과 아름다운 형태를 통한 쾌락을 제거한다면, 나는 선이 무엇인지를 알지 못하겠다"라고 썼다고 말한다. 또한, 그들은 에피쿠로스가 피토클레스에게 보낸 서신에서 "축복받은 자여, 쪽배를 띄워 모든 교양[24]에서 도망쳐라"라고 썼다고 말한다. 에픽테토스[25]는 에피쿠로스를 음탕한 말을 늘어놓는 자라고 부르며 맹렬히 비난한다.

메트로도로스의 형제이자 에피쿠로스의 학교에서 수학하다가 중도에 떠난 티모크라테스는 『즐거운 것들』이라는 저작에서 이렇게 말한다. "에피쿠로스는 방탕하고 사치스러운 삶 때문에 하루에 두 번이나 토했고, 밤늦게까지 벌어지는 저 철학 토론과 비밀 회합
을 자신도 지긋지긋해했다. 에피쿠로스는 철학에 대해 많이 무지 7

---

24 "교양"으로 번역한 '파이데이아'(παιδεία)는 고대 그리스의 도시국가('폴리스')의 이상적인 시민으로 키우기 위한 모든 교육을 가리킨다. 이 교육적 이상은 나중에 그리스-로마 세계에 널리 전파되어 라틴어로 '후마니타스'(Humanitas, 인문학)라고 불리게 된다. 에피쿠로스는 공교육과 공적인 활동이 인간의 본성적인 행복을 방해한다고 믿었으므로, 오직 참된 행복을 추구하는 "쪽배"를 띄워 모든 공적 교육에서 벗어나야 한다고 주장했다.

25 "에픽테토스"(기원후 약 50-135년)는 마르쿠스 아우렐리우스와 함께 후기 스토아학파 철학을 대표하는 인물로, 전체로서의 세계는 이성적으로 구성되며 불변하는 법칙에 따라 질서가 잡혀 있으므로 인간은 자연 질서를 따라 살아가야 한다고 주장함으로써, 인간의 실존 문제를 철저하게 개인 차원에서 설파한 에피쿠로스학파와 대립했다.

했고, 삶에 대해서는 한층 더 무지했으므로, 그의 몸은 불쌍할 정도로 허약해 여러 해 휴대용 의자에 앉아 생활해야 했다. 에피쿠로스는 레온티온에게 보낸 서신과 미틸레네의 철학자들에게 보낸 서신에서 자기는 식사를 위해 하루에 1므나[26]를 쓴다고 스스로 말했다. 에피쿠로스와 메트로도로스는 맘마리온, 헤데이아, 에로티온, 니키디온 같은 여러 기녀와 동거했다.

에피쿠로스가 쓴 37권으로 된 『자연학』 중에서 대부분은 같은
내용을 반복해서 말하거나 다른 사람들을 비판하는 글로 되어 있
는데, 에피쿠로스는 그중에서도 특히 나우시파네스[27]를 이렇게 비
판한다. "그가 하는 모든 말을 멀리하라. 그자는 다른 많은 노예처
럼 자기 입으로 허세와 궤변을 늘어놓는 데 온 힘을 다하기 때문이
8 다." 에피쿠로스는 자신의 서신들에서 나우시파네스에 대해 이렇
게 말한다. "내가 그렇게 말하자 그는 틀어져서 비꼬는 의미로 나
를 선생님이라고 부르며 욕을 했다." 에피쿠로스는 나우시파네스
를 "연체동물", "까막눈", "사기꾼", "매춘부"라고 불렀다.

또한, 플라톤의 제자들을 "디오니시오스에게 아부하는 자들"이라고 불렀고, 플라톤을 "황금 인간"이라 불렀으며,[28] 아리스토텔레스는 아버지에게서 물려받은 재산을 말아먹은 후 자원 입대하거나

---

26 "1므나"는 100드라크마에 해당한다. 고대 그리스에서 일꾼의 하루 품삯이 1드라크마였다. 에피쿠로스와 메트로도로스가 여러 기녀와 동거한다는 소문은 그들이 에피쿠로스의 학교인 "정원"에서 날마다 함께 기거하며 철학 토론을 했기 때문이었다.

27 "나우시파네스"(기원전 4세기 활동)는 소아시아의 그리스 식민지 이오니아의 테오스에서 활동한 철학자로, 원자론자 철학자 데모크리토스의 제자였다. 에피쿠로스가 나우시파네스에게서 많은 것을 배웠음은 거의 확실해 보인다. 하지만 에피쿠로스는 자기 철학을 혼자서 깨달았다고 입버릇처럼 말했고, 나우시파네스를 경멸하는 말들을 했다.

약을 팔아 생활했다고 해서 그를 "방탕아"라고 불렀다. 또한, 프로타고라스가 시골에서 글을 가르친다고 해서 그를 "짐꾼", "데모크리토스를 베끼는 자"라고 불렀다. 또한, 헤라클레이토스를 "뒤섞는 자"라고, 데모크리토스를 "데모크리토스 레로크리토스"('몰상식한 재판관 데모크리토스')라고 했으며, 안티도로스를 "안티도로스 산니도로스"('엉뚱한 것을 선물하는 안티도로스')라고 불렀고,[29] 견유학파를 "헬라스의 적"이라고, 변증론자들을 "파괴자들"이라고, 피론을 "배우지 못한 무식쟁이"라고 칭했다.[30]

---

28 "디오니시오스"(기원전 약 397-343년)는 이탈리아 시칠리아 섬에 있던 시라쿠사를 지배한 그리스인 참주(독재자)였다. 플라톤(기원전 428-348년)은 기원전 366년과 361년경에 이상국가에 관한 자신의 정치 철학을 직접 실천하기 위해 디오니시오스 2세의 초청으로 시라쿠사에 갔지만 결국 개혁에 실패하고 돌아왔다. 에피쿠로스는 이 사실을 두고 플라톤학파 사람들을 이렇게 불렀다. 플라톤을 "황금 인간"이라 부른 것은 플라톤이 최상층 시민으로서 이상 국가를 주창하며 불멸을 얘기했기 때문일 수 있다.

29 "프로타고라스"(기원전 약 485-414년)는 최초의 소피스트로, "인간은 만물의 척도다"라는 말로 진리의 주관성과 상대성을 설파한 인물로 유명하다. "헤라클레이토스"(기원전 약 540-480년)는 만물의 근원을 '불'이라고 주장했고, 타오르다가 사그라지는 불꽃을 따라 일정한 주기로 서로 대립하는 만물이 생겨나고 소멸한다고 설파했다. "뒤섞는 자"는 헤라클레이토스 철학의 모호성을 비웃은 것으로, 여러 가지를 뒤섞어 뒤죽박죽으로 만드는 것을 가리킨다. "안티도로스"에 대해서는 알려진 바 없다.

30 "견유학파"는 소크라테스의 제자 안티스테네스(기원전 약 445-365년)가 창시한 학파로, 세상 욕심을 버리고 덕 있는 삶을 사는 것이 행복이며, 쾌락은 기만적인 것이므로, 강인한 의지로 욕망을 억제할 때 덕 있는 삶에 도달할 수 있다고 주장했다. "변증론자들"은 에피쿠로스가 단호하게 반대했던 논리학과 변증학을 신봉하는 자들을 가리키는데, 플라톤 변증학을 이어받은 플라톤학파 철학자들을 가리키는 것으로 보인다. 엘리스의 "피론"(기원전 365-275년)은 고대 그리스 회의학파의 창시자다. 그는 어떤 것도 단정하지 않고('아파티아'), 모든 판단을 중지하며('에포케'), 일체의 의견에 중립적일 때 모든 것에 무관심하고 무심한 평정심('아타락시아')을 얻을 수 있다고 설파했다.

9 하지만 에피쿠로스를 이렇게 비난한 자들은 미친 자들이다. 모든 사람을 배려하고 공손하게 대하는 것에서 에피쿠로스는 누구보다도 뛰어났다는 것을 증언해줄 사람이 차고 넘치고, 그의 조국은 그의 동상을 세워 그를 기렸으며, 친구들은 모든 도시에서 헤아릴 수 없을 정도로 많았고, 그의 제자들은 모두 황홀할 정도로 매혹적인 그의 교리를 끝까지 고수했기 때문이다. 오직 스트라토니케우스의 아들 메트로도로스가 에피쿠로스를 떠나 카르네아데스[31]에게 갔는데, 아마도 에피쿠로스의 엄청난 선함과 올바름에 이내 부담을 느꼈기 때문일 것이다. 또한, 다른 학교들이 거의 모두 문을 닫은 후에도 에피쿠로스의 학교는 여전히 살아남아 이어졌고, 제자들 중에서 수많은 지도자가 계속해 배출되었다.

10 또한, 에피쿠로스에게는 부모에 대한 감사, 형제들에 대한 친절, 집안 노예에 대한 배려심[32]이 두드러졌다. 특히 집안 노예에 대한 배려심은 그의 유언에서, 그리고 집안 노예들이 그와 함께 철학을 했다는 데서 분명하게 드러나는데, 그중 가장 주목할 만한 집안 노예는 앞에서 말한 미스였다. 이 모든 것을 한마디로 요약하자면 에피쿠로스에게는 모든 사람에 대한 인간애가 있었다는 것이다.

---

31 여기에 언급된 "메트로도로스"는 앞에서 언급된 에피쿠로스가 가장 신뢰한 제자 람프사코스의 메트로도로스가 아니라, 아폴로도스의 제자를 가리킨다. "카르네아데스"(기원전 214-129년)는 고대 그리스 회의주의적인 플라톤학파의 가장 뛰어난 수장이었다. 그는 특히 스토아학파와 에피쿠로스학파의 가르침들을 공격했다.

32 "감사"로 번역한 '에우카리스티아'(εὐχαριστία)는 진심으로 감사하는 마음을, "친절"로 번역한 '에우포이이아'(εὐποιία)는 선의로 잘 대하고 잘하는 것을 가리키며, "배려심"으로 번역한 '헤메로테스'(ἡμερότης)는 교양 있고 예의 바르며 온화하고 친절하게 대하는 태도를 가리킨다.

신들에 대한 에피쿠로스의 경건과 조국애[33]가 어느 정도였는지는 말로 다 표현할 수가 없다. 그가 정치 공동체에 적극 참여하지 않은 이유는 그런 일이 자기에게 과분하다고 생각했기 때문이었다. 하지만 당시 헬라스가 아주 어려운 처지에 놓여 있었음에도,[34] 친구들을 만나러 이오니아 지역[35]으로 두세 번 건너간 것 외에는 헬라스를 떠나지 않고 계속 그곳에서 살았다.

친구들은 사방에서 그를 찾아왔고, 정원[36]에서 그와 함께 지냈는데, 아폴로도로스는 그가 이 정원을 80므나에 샀다고 말한다. 11
디오클레스도 『철학의 종착지』 제3권에서 그들이 대단히 소박하

---

33 고대 그리스 도시국가에서 살아가는 시민이 갖추어야 할 미덕의 양대 축은 신들을 향한 경건과 조국애였고, 이것을 어기는 불경죄와 반역죄는 가장 중대한 범죄였다. "신들에 대한 경건"에는 신들을 공경하고 신들에게 제를 올리는 것뿐 아니라, 신들이 정했다고 생각한 법과 관습을 지키는 것도 포함되었다. "조국애"는 조국을 외적의 침입에서 지키는 것과 공동체 행사와 일에 돈과 몸으로 적극 참여하는 것이었다. 여기서 에피쿠로스가 정치 공동체에 적극 참여하지 않은 이유를 '휘페르볼레'(ὑπερβολή), 즉 과분함이라고 말하지만, 사실 그는 공적인 삶이 자신의 이상인 '아타락시아'(평정심)에 방해가 된다고 누누이 강조한 바 있다.

34 고대 아테네의 외곽 항구인 팔레룬 출신의 데메트리오스(기원전 약 350-280년)는 원래 소요학파 철학자였다. 나중에 그는 마케돈의 왕 카산드로스의 지명으로 아테네를 10년 동안 통치하게 되었는데, 아테네를 점령하기 위해 기원전 317년에 아테네를 봉쇄했고, 이때 아테네인들은 거의 굶어 죽을 뻔했다.

35 "이오니아 지역"은 그리스인들이 소아시아(아나톨리아, 현재의 터키) 서부 연안에 개척한 식민지였고, 에피쿠로스가 태어난 사모스 섬도 그중 일부였다. "헬라스"는 그리스인의 시조인 "헬렌"이 다스리는 지역이라는 뜻으로 원래는 그리스 북부 테살리아 지방의 한 도시 이름이었지만, 나중에는 그리스 전체를 가리키는 명칭이 되었다.

36 "정원"은 에피쿠로스의 학교 안에 있던 정원을 가리킨다. 에피쿠로스와 그의 제자들은 주로 여기에서 철학을 토론했고, 숙소도 이 정원에 있었다. 1므나는 100드라크마이고, 1드라크마는 하루 품삯이기 때문에, "80므나"는 일꾼이 매일 22년을 일해야 모을 수 있는 금액이다.

고 검소한 삶을 살았다고 하면서 이렇게 말한다. "그들은 값싼 포도주 사분의 일 리터로 만족했고, 그 외에는 물만 마셨다."

피타고라스[37]는 친구들[38]이 모든 것을 공유해야 한다고 말했지만, 에피쿠로스는 재산을 공유하는 것은 옳지 않다고 여겼다. 재산을 공유하면 불신이 생기고, 불신이 생기면 친구는 사라진다고 생각했기 때문이었다. 에피쿠로스는 서신들에서 자기는 빵과 물만으로 만족한다고 말하고, "내가 원할 때 성대한 잔치를 벌일 수 있도록 항아리에 저장해둔 치즈를 내게 보내주시오"라고 썼다. 쾌락이 인생의 목적이라고 가르친 에피쿠로스는 그런 사람이었다.

아테네오스는 다음과 같은 경구를 써 에피쿠로스를 칭송했다.

12 사람들이여, 그대들은 별것 아닌 것들을 위해 기꺼이 싸우고자 하고,
이득을 위해 만족할 줄 모르고 싸움과 전쟁을 시작한다.
자연의 부는 작은 경계 안에 갇혀 있는데,
사람들의 헛된 생각은 무한한 길 위에 있다.
네오클레스의 현명한 아들은 무사 여신들과
피토의 신성한 세 발 의자에서 이것을 들었다.[39]

---

37 피타고라스(약 582-497년)는 고대 그리스의 철학자, 종교가, 수학자였다. 에피쿠로스와 마찬가지로 사모스 섬 출신인 그는 만물의 근원을 "수"라고 보았다. 그는 남이탈리아에 있던 그리스 식민지 크로톤 섬에 철학 공동체를 세우고, 혼의 윤회 사상, 채식주의를 가르쳤으며, 백색의 옷과 담요를 사용했다.

38 "친구"로 번역한 '필로스'(φίλος)는 우리말의 "친구"보다 훨씬 폭넓은 의미를 지니는 단어로, "사랑하는 사람"을 가리킨다. 마찬가지로 보통 "우정"으로 번역되는 '필리아'(φιλία)는 원래 자녀들에 대한 부모의 사랑을 가리키고, '필로스'는 그런 사랑의 대상인 부모, 자녀, 친척, 친지, 친구 등을 가리킨다. 따라서 여기서 "친구들"은 "사랑하는 사람들", 즉 서로 뜻이 맞아 철학과 삶을 함께하는 사람들을 가리킨다. 본서에서는 문맥에 따라 "친구" 또는 "사랑하는 사람"으로 번역했다.

우리는 앞으로 에피쿠로스의 가르침과 말을 통해 이것을 더 잘 알게 될 것이다.

디오클레스는 에피쿠로스가 이전 철학자들 중에서 가장 공감했던 사람은 아낙사고라스[40](어떤 부분에서는 그의 견해에 반대하기도 했지만)와 소크라테스의 스승 아르켈라오스였다고 말한다. 또한, 에피쿠로스는 제자들에게 자기 글들을 암기하도록 훈련했다고 말한다.

아폴로도로스는 『연대기』에서 에피쿠로스가 나우시파네스와 13
프락시파네스[41]에게서 가르침을 받았다고 말한다. 하지만 에피쿠로스는 에루릴로코스에게 보낸 서신에서 그렇지 않다고 말하고, 스스로 독학했다고 한다. 에피쿠로스학파에 속한 아폴로도로스와 그 밖의 몇몇 사람은 레우키포스가 데모크리토스의 스승이었다고

---

39 "무사 여신들"은 제우스와 티탄 열두 신 중 하나인 기억의 여신 므네모시네 사이에서 태어난 아홉 자매를 가리킨다. 이 자매들은 예술, 문학, 학문을 관장하고, 시인과 예술가들에게 재능과 영감을 준다. "피토"는 델포이의 옛 이름이다. 그리스 북부 포키스 지방, 파르나소스 산기슭에 있는 델포이에는 아폴론 신의 성소와 신탁소가 있었다. 이 신탁소의 여제관 "피티아"는 이 성소 가장 끝 은밀한 신탁소에 있던 "세 발 의자"에 앉아 깊은 구덩이에서 나오는 향기에 취해 황홀경 상태에서 아폴론 신의 신탁을 받았다고 한다.

40 "아낙사고라스"(기원전 약 500-428년)는 고대 그리스의 자연철학자로, 천체 현상을 비롯한 만물을 자연학적 방법으로 이해하려 했고, 원소들의 혼돈에 질서를 부여해 만물을 이루게 한 정신이자 운동 원리인 '누스'(지성)를 강조했다. "아르켈라오스"(기원전 5세기 활동)는 고대 그리스의 철학자로, "아낙사고라스"의 제자였다.

41 "나우시파네스"(기원전 4세기 활동)는 소아시아의 그리스 식민지인 "이오니아"의 테오스에서 활동한 철학자로, 원자론자 철학자인 데모크리토스의 제자였다. "프락시파네스"(기원전 4세기 활동)는 소요학파 철학자로, 아리스토텔레스의 후계자 테오프라스토스(기원전 약 371-287년)의 제자였다. 그는 나중에 독자적으로 학교를 열었는데, 에피쿠로스는 학교에서 그의 제자 중 한 명이었다고 한다.

말하지만, 에피쿠로스나 헤르마르코스는 그런 철학자는 존재하지 않았다고 말한다. 마그네시아 출신의 데메트리오스는 에피쿠로스가 크세노크라테스의 가르침을 받았다고 말한다.[42]

문법학자 아리스토파네스는 에피쿠로스가 아주 특이한 말들을 사
용한다고 비판하지만, 에피쿠로스는 어떤 것을 설명하는 데 일상적
인 말을 사용했다. 또한, 그는 『수사학』에서 다른 무엇보다도 가장
요구되는 것은 명료성이라고 주장했는데, 그의 표현 역시 명료했
14 다. 그리고 그는 서신들에서 "기뻐하시오"라는 관용적인 표현[43] 대
신에 "잘 해내시오"라거나 "열심히 사시오"라는 표현을 사용했다.

아리스토은 『에피쿠로스의 생애』에서, 에피쿠로스 스스로 나우시파네스와 사모스의 플라톤주의자 팜필로스에게서 가르침을 받았다고 말했고, 나우시파네스의 『삼각축』[44]을 본떠 자신의 『규범론』을 썼다고 말한다. 또한, 에피쿠로스가 12살 때 철학을 시작해

---

42 "에우릴로코스"(기원전 4세기 활동)는 그리스 최초의 회의론적 철학자였던 피로(기원전 약 365-275년)의 문도였다. "레우키포스"(기원전 5세기 활동)는 원자론을 최초로 발전시킨 철학자로 여겨진다. 한때는 그가 실존 인물인지도 확실하지 않았다. 그의 제자 "데모크리토스"는 원자론을 한층 정교하게 발전시켜 스승보다 더 유명해졌다. "헤르마르코스"(기원전 약 325-250년)는 에피쿠로스의 후계자다. "크세노크라테스"(기원전 396-314년)는 플라톤의 친구로, 기원전 339(338)년에서 314(313)년까지 25년 동안 플라톤이 세운 아카데메이아의 원장으로 있었다.

43 우리말로 "잘 있으라"라는 인삿말은 그리스에서는 '카이레인'(Χαίρειν, "기뻐하라")이라고 말한다. 하지만 에피쿠로스는 참된 행복에 도달하지 않은 현재 상태에서 "기뻐하라"라고 하는 것은 잘못된 인사말이라고 생각해서, "잘 해내라"거나 "열심히 살라"라는 말로 대신했던 것 같다.

44 "나우시파네스"는 데모크리토스의 제자였지만 수사학을 아주 중시했고, 『삼각축』에서도 현자는 자신의 지식을 대중에서 전달하기 위해 수사학 능력을 갖추어야 함을 강조했다. 따라서 에피쿠로스는 『삼각축』의 내용이 아니라 형식을 빌려, 자신의 『규범론』을 써서 진리의 세 가지 판단 기준을 제시한 것이었다.

서, 32살 때 자신의 학교를 세우고 수장이 되었다고 말한다.

아폴로도로스는 『연대기』에서 이렇게 말한다. 에피쿠로스는 소
시게네스가 통치하던 때 109번째 올림피아 경기가 있은 후 세 번
째 해 일곱째 달 일곱째 날에 태어났는데,[45] 이 해는 플라톤이 죽은
지 일곱 번째 해였다. 에피쿠로스는 32살 때 처음으로 미틸레네와 15
람프사코스에서 5년 동안 학교를 열었다. 그런 후에 그는 아테네
로 이주해서, 피타라토스가 통치하던 때 127번째 올림피아 경기가
있은 후 두 번째 해에 72살의 나이로 죽었다. 그리고 미틸레네 출
신의 헤르마르코스가 학교를 이어받았다. 헤르마르코스가 자신의
서신들에서 말하듯이, 에피쿠로스는 방광에 돌이 생겨 14일 동안
앓다가 죽었다.

에피쿠로스는 죽을 때가 다가오자 뜨거운 물을 섞은 청동 욕조
속으로 들어가서, 희석되지 않은 포도주를 요구해 벌컥벌컥 마신
후, 친구들에게 자신의 가르침을 기억하라고 당부하고 나서 죽었 16
다고 헤르미포스는 말한다. 다음은 내가 에피쿠로스에 대해 쓴 글
이다.

> "잘 있게, 그리고 나의 가르침들을 기억하게."
> 에피쿠로스는 죽음을 앞두고 친구들에게 마지막으로 이렇게 말했다.
> 그는 뜨거운 욕조 속으로 들어가서 희석되지 않은 포도주를 마신 후
> 하이데스[46]의 차가운 공기를 들이마셨다.

---

45 첫 번째 올림피아 경기가 열린 때는 기원전 776년이었고, 4년마다 열렸다. 따라서 109번째 올림피아 경기가 있는 때는 기원전 341년이다. 에피쿠로스가 태어난 해는 기원전 341년 초였다. 플라톤은 기원전 348년에 죽었고, 그로부터 7년 후면 기원전 341년이 된다. 에피쿠로스는 기원전 270년에 죽었다.

에피쿠로스의 삶과 죽음은 이러했다. 그리고 그는 이렇게 유언했다.

"이것에 근거해 나는 바테 구역 출신 아미노마코스와 포타모스 구역 출신 데메트리오스의 아들 티모크라테스[47]에게 국가문서보관소에 등
17 재된 각자의 몫에 따라 나의 전 재산을 준다. 단 그들은 정원과 부속 시설들을 미틸레네 출신 아게모르토스의 아들 헤르마르코스, 그와 함께 철학하는 사람들, 헤르마르코스가 철학의 후계자들로 남긴 사람들에게 넘겨주어 계속해서 철학을 하며 살아갈 수 있게 해야 한다. 그리고 나는 나를 따라 철학하는 사람들이 아미노마코스와 티모크라테스를 도와 정원을 보존하는 한 그들에게 정원에서 살아갈 권리를 힘닿는 데까지 주고, 그들의 후계자들과 나를 따라 철학하는 사람들에게서 정원을 물려받은 사람들에게도 그들이 정원을 보존하는 한 가장 안전한 권리를 준다. 아미노마코스와 티모크라테스는 헤르마르코스가 살아 있을 때까지 헤르마코스 및 그와 함께 철학하는 사람들에게 멜리테 구역에 있는 집을 넘겨주어 거주하게 하라.

18 내가 아미노마코스와 티모크라테스에게 준 재산에서 수입이 나온다면 헤르마르코스와 상의해서 가능한 한 나의 아버지와 어머니와 형제들의 기일에 행하는 제사들, 매년 일곱 번째 달의 열 번째 날에 거행

---

46 "하이데스"(Ἀιδης)는 아티카 방언으로 '하데스'(Ἄδης)라고 하며 지하세계(저승)를 관장하는 신으로, 하늘의 신 제우스와 바다의 신 포세이돈은 그의 형제들이다. 여기서는 "하이데스의 집", 즉 저승이라는 의미로 사용되었다.

47 "아미노마코스"와 "티모크라테스"에 대해서는 알려진 것이 없다. 메트로도로스의 형제로 에피쿠로스의 학교에서 수학하다가 중도에 떠나 『즐거운 것들』이라는 글을 써 에피쿠로스를 비난했던 "티모크라테스"와는 다른 사람이다.

하던 나의 생일 축하연, 나와 메트로도로스를 기념하기 위해 매달 스무 번째 날에 개최되어 온 나와 함께 철학하는 사람들의 모임을 위해 나누어 쓰라. 또한, 내가 지금까지 해왔던 것처럼, 여섯 번째 달에는 나의 형제들을 기념하고, 두 번째 달에는 폴리아이노스[48]를 기념하라.

19 아미노마코스와 티모크라테스는 메트로도로스의 아들 에피쿠로스와 폴리아이노스의 아들을 돌보아주어 헤르마르코스와 함께 살면서 철학할 수 있게 하라. 마찬가지로 메트로도로스의 딸[49]도 돌보아주고, 성인이 되면 헤르마르코스가 자기와 함께 철학하는 사람 중에서 선택한 사람과 결혼시켜라. 그녀의 처신이 올바르고 헤르마르코스의 말에 잘 순종한다면, 아미노마코스와 티모크라테스는 헤르마르코스와 상의해서 나의 재산으로부터 나오는 수입 중에서 해마다 적당하다고 생각되는 정도만큼 생활비로 주라.

20 아미노마코스와 티모크라테스는 헤르마르코스에게도 수입에 대한 관리권을 주어 모든 것을 그와 상의해서 행하라. 헤르마르코스는 나와 함께 철학하며 늙었고, 내가 나와 함께 철학하는 모든 사람의 지도자로 남긴 사람이기 때문이다. 헤르마르코스의 딸이 성인이 되면, 아미노마코스와 티모크라테스는 그 아이의 결혼 지참금을 나누어내라. 그리고 아미노마코스와 티모크라테스도 헤르마르코스의 동의 아

---

48 "폴리아이노스"(기원전 약 340-285년)는 고대 그리스의 수학자로, 에피쿠로스의 친구였다. 에피쿠로스가 처음에 미틸레네에서 제자를 모아 가르치다가 문제가 생기자 그곳에서 도피해 람프사코스로 와서 학교를 열었을 때 피토클레스, 콜로테스, 이도메네우스, 폴리아이노스와 교류했고, 나중에 32살이 되던 해인 기원전 306년에 그들과 함께 아테네로 이주해 학교를 세웠다. 폴리아이노스는 헤르마르코스, 메트로도로스와 함께 이 학교의 지도자들이었다. 그는 에피쿠로스보다 15년 일찍 세상을 떠났다.

49 메트로도로스와 기녀 레온티온 사이에서 태어난 딸로, 이름은 "다나이"였다.

래 나의 재산에서 나오는 수입 중 일부를 적당한 정도만큼 가져가라. 또한, 아미노마코스와 티모크라테스는 내가 그래왔던 것처럼 니카노로스를 돌보아주라. 나와 함께 철학하며 늙어가는 것을 선택하여 함께 철학을 해왔을 뿐만 아니라, 자신의 재산으로 나의 필요를 충족시켰고, 내게 온갖 우정을 보여준 사람들이 필요로 하는 것 중 단 하나라도
21 부족함이 없게 하고 싶기 때문이다. 아미노마코스와 티모크라테스는 나의 모든 책을 헤르마르코스에게 주라.

메트로도로스의 자녀들이 성인이 되기 전에 모든 사람에게 찾아오는 것[50]이 헤르마르코스에게 찾아오고, 그들의 처신이 올바르다면, 아미노마코스와 티모크라테스는 그들에게 필요한 모든 것을 가능한 한 나의 재산에서 나오는 수입으로 충당하라. 아미노마코스와 티모크라테스는 나와의 모든 다른 약속도 성실히 수행하여, 모든 것이 잘 이루어지게 하라. 나의 노예들 중에서 미스, 니키아스, 리콘을 자유롭게 해주고, 파이드리온에게도 자유를 준다."

22 에피쿠로스는 죽음이 다가왔을 때 이도메네우스에게 다음과 같은 서신을 썼다.

"내 생애에서 축복받은 날, 임종을 앞둔 이 날에 나는 자네에게 이 서신을 쓰고 있네. 배뇨 곤란과 이질로 인한 통증이 최대한도의 고통으로 다가와 하나도 남기지 않고 내게 극심한 고통을 주고 있지만, 이 모든 것에도 그대와 나눈 대화를 기억하면 내 마음은 기쁘다네. 자네는 어려서부터 나와 함께 철학을 해온 사람이니, 자네가 메트로도로스의 자

---

50 "모든 사람에게 찾아오는 것"은 죽음을 가리킨다.

녀들을 돌보아주게."

이것이 에피쿠로스가 남긴 유언이었다.

에피쿠로스에게는 많은 제자가 있었고, 그중 가장 유명한 인물
들은 아테네오스의 아들 또는 티모크라테스의 아들 메트로도로스
와 람프사코스 출신 산데스였다. 산데스는 에피쿠로스를 알고 나
서는 6개월 동안 고향에 다녀온 것을 제외하면 단 한 번도 에피쿠
로스 옆을 떠나지 않았다. 에피쿠로스가 자신의 여러 저작의 서문 23
들과 『티모크라테스』 제3권에서 증언한 바에 따르면, 메트로도로
스는 모든 점에서 훌륭했다. 메트로도로스는 그런 사람이었으므
로, 자신의 여자 형제 바티스를 이도메네우스와 결혼시켰고, 자신
은 아티케 출신 기녀 레온티온과 동거했다. 또한, 에피쿠로스가
『메트로도로스』 제1권에서 말하듯, 메트로도로스는 곤경에 처하
거나 죽음에 직면해서도 의연했다. 메트로도로스는 태어난 지 53
년째가 되던 해에, 그러니까 에피쿠로스보다 7년 먼저 죽었다. 앞
에서 언급한 유언장에서 에피쿠로스는 메트로도로스의 자녀들을
돌보아줄 것을 당부함으로써, 메트로도로스가 자기보다 먼저 죽었
다는 사실을 분명하게 보여준다. 에피쿠로스는 우리가 앞에서 이
미 언급한 메트로도로스의 형제 티모크라테스도 제자로 삼았는데,
티모크라테스는 아무 목적 없이 살던 사람이었다.

메트로도로스는 다음과 같은 책들을 썼다. 24

『세 명의 의사』

『감각론』

『티모크라테스에게』

『관대함』

『에피쿠로스의 병』

『변증가론』

『소피스트론』 9권

『지혜에 이르는 길』

『변화론』

『재물론』

『데모크리토스를 반박함』

『태생의 고귀함』

에피쿠로스의 제자 중에는 람프사코스 출신 아테노도로스의 아들 폴리아이노스도 있었다. 필로데모스[51]의 제자들에 따르면, 폴리아이노스는 겸손하고 친절하며 따뜻한 사람이었다. 또한, 에피쿠로스의 후계자 헤르마르코스도 있었다. 미틸레네 출신으로 하루 벌어 하루 먹고사는 가난한 아게모르토스의 아들이었던 그는 처음에는 수사학을 했다.

25 헤르마르코스의 저작 중에서 가장 훌륭한 것으로는 다음과 같은 것들이 있다.

『엠페도클레스에게 보낸 서신』 22편

『학문론』

---

51 "필로데모스"(기원전 약 110-40년)는 아폴로도로스의 뒤를 이어 아테네에 있는 에피쿠로스학파의 수장이 된 시돈의 제논에게서 배웠고, 키케로와 동시대에 로마에서 활동했다.

『플라톤을 반박함』

『아리스토텔레스를 반박함』

헤르마르코스는 유능했으나 중풍으로 죽었다.

또한, 람프사코스 출신 레온테우스와 그의 아내 테미스타도 있었는데, 에피쿠로스는 테미스타에게 서신들을 썼다. 또한, 람프사코스 출신의 콜로테스[52]와 이도메네우스도 있었다. 헤르마르코스의 후계자였던 폴리스트라토스[53]가 유명했던 것처럼, 이 두 사람도 유명했다. 폴리스트라토스의 후계자는 디오니시오스였고, 디오니시오스의 후계자는 바실리데스[54]였다.

'정원의 독재자' 아폴로도로스도 유명했는데, 그는 400권이 넘는 책을 썼다. 알렉산드리아 출신의 두 명의 프톨레마이오스가 있었는데, 한 명은 흑인, 다른 한 명은 백인이었다. 또한, 아폴로도

---

52 "콜로테스"(기원전 약 320-268년)는 "다른 철학들을 따라 사는 것은 불가능하다"라는 말을 증명하는 저작을 썼다. 역사가 플루타르코스(기원후 약 46-110년)는 "에피쿠로스를 따라 즐겁게 사는 것은 불가능하다"라는 말을 증명하는 대화체로 된 저작을 두 권 썼다. 플루타르코스는 콜로테스가 영리하기는 했지만, 공허하고 독단적이며 관용을 모르는 자였다고 말한다. 콜로테스는 소크라테스를 비롯한 다른 철학자들을 맹렬히 공격했다. 플라톤을 공격한 그의 두 저작이 단편으로 남아 있다.

53 "폴리스트라토스"(기원전 219년경에 죽음)는 헤르마르코스의 뒤를 이어 기원전 250년경에 에피쿠로스 학교의 수장이 되었다. 단편으로 남아 있는 그의 두 저작 중 하나인 『비이성적인 멸시』는 "대중의 신념들을 비이성적으로 멸시하는 자들을 반박하는" 변증서로, 견유학파 또는 회의론자들을 공격한 글이다.

54 "디오니시오스"는 아테네 람프트라이 구역 출신으로 기원전 219년경에 에피쿠로스 학교의 수장이 되었고, 기원전 205년경에 죽었다. "바실리데스"(기원전 약 250-175년) 이후에 "아폴로도로스"가 이 학교의 수장으로 알려졌는데, 이 두 사람 사이에 적어도 한 명의 수장이 더 있었던 것으로 보인다.

로스의 제자인 시돈 출신 제논[55]이 있었는데, 그는 많은 책을 써낸
26 인물이었다. 또한, 라코니아인이라 불린 데메트리오스, 『강의 초
록』이라는 책을 쓴 타르소스 출신 디오게네스, 오리온, 정통적인
에피쿠로스학파 사람들이 소피스트들이라고 부른 그 밖의 다른 제
자들도 있었다. 에피쿠로스라는 이름을 지닌 제자도 세 명 있었는
데, 한 사람은 레온테우스와 테미스타의 아들이었고, 다른 한 사람
은 마그네시아인[56]이었으며, 세 번째 사람은 훈련 조교였다.

에피쿠로스는 많은 책을 쓴 작가였다. 그가 쓴 책들의 권수는 두루마리[57]로 300개 이상이었으므로 양적으로도 모든 사람을 능가했다. 그의 책들에는 다른 사람의 글을 인용한 것이 하나도 없고, 에피쿠로스 자신이 한 말만 들어 있다.

카르네아데스의 말에 따르면, 크리시포스는 에피쿠로스보다 더 많은 책을 쓰고자 했다. 그래서 카르네아데스는 크리시포스를 에피쿠로스의 책들을 먹고 사는 기생충이라 불렀다.[58] "에피쿠로스

---

55 "시돈의 제논"(기원전 약 150-75년)은 "아폴로도로스"의 뒤를 이어 에피쿠로스 학교의 수장이 된 인물이다. 키케로와 디오게네스 라에르티오스는 둘 다 그가 정확하고 번득이는 사고를 갖춘 철학자였다고 말한다. 그의 제자 필로데모스(기원전 약 110-40년)가 쓴 『제논의 강의에 의거한 그의 행실과 성품에 관한 요약』이라는 책이 현존하는데, 거기에는 제논이 쓴 「솔직한 비평에 대해」와 「분노에 대해」라는 글이 수록되어 있다.

56 "라코니아"는 펠로폰네소스 반도의 스파르타 지역을 가리킨다. "타르소스"는 소아시아 중남부에 있는 도시다. 그리스의 지리학자이자 역사가였던 스트라본(기원전 약 64년-기원후 약 24년)에 의하면, "디오게네스"는 즉흥적으로 비극을 쓰는 것을 아주 잘했다. 그의 저작으로는 『강의 초록』, 『에피쿠로스의 윤리적 가르침 요약』이 있다고 했지만, 남아 있지 않다. "마그네시아"는 그리스 중부 테살리아 지방의 남동부 지역을 가리킨다.

57 "두루마리"로 번역한 '퀼린드로스'(κύλινδρος)는 여러 장의 파피루스를 묶어 만든 것이었는데, 일반적으로는 20장의 파피루스로 되어 있었다.

가 어떤 것에 관해 글을 쓰면, 크리시포스는 그를 의식해 경쟁적으로 그 정도 분량의 글을 썼다. 이런 이유로 크리시포스는 동일한 27
내용을 반복해 쓰는 경우가 많았고, 떠오르는 대로 썼으며, 급하게 쓰느라 틀린 것들을 제대로 수정하지도 않고 그대로 남겨두었다. 게다가 다른 사람들의 글을 인용한 것이 너무 많아, 그의 책들은 인용문들로 가득한데, 이것은 제논과 아리스토텔레스가 쓴 책들에서 발견되는 특징이기도 하다."

에피쿠로스의 저작들은 그 정도로 많고 방대했는데, 그중에서 가장 탁월한 책들은 다음과 같다.

『자연학』 37권

『원자와 허공』

『사랑론』

『자연철학자들을 반박하는 글들의 요약』

『메가라 학파를 반박함』

『문제들』

『주요 가르침들』

『선택과 회피』

『목적론』

---

58 "카르네아데스"(기원전 약 214-129년)는 고대 그리스 회의주의적인 플라톤학파의 가장 뛰어난 수장이었다. 그는 특히 스토아학파와 에피쿠로스학파의 가르침을 공격했다. "크리시포스"(기원전 약 280-206년)는 고대 그리스 철학자로, 키프로스의 제논, 클레안테스에 이어 스토아학파 제3대 수장이 된 인물이다. 키프로스의 제논(기원전 약 334-262년) 또는 키티온의 제논은 스토아학파의 시조다. 그는 기원전 300년경에 아테네에서 견유학파의 도덕적 이상을 바탕으로 본성에 따른 미덕의 삶을 살 때 얻어지는 선함과 평정심을 강조했다.

『판단 기준』 또는 『규범론』

『카이레데모스』

『신론』

『경건론』

28 『헤게시아낙스』

『인생론』 4권

『정의로운 행동』

테미스타에게 말하는 형식으로 쓴 『네오클레스』

『향연』

메트로도로스에게 말하는 형식으로 쓴 『에우릴로코스』

『시각론』

『원자의 끝점』

『촉각론』

『운명론』

티모크라테스에게 말해주는 격언 형식의 『지각론』

『예지론』

『설득론』

『심상론』

『전조론』

『아리스토불로스』

『음악론』

『정의와 그 밖의 다른 미덕들』

『선물과 감사』

『폴리메데스』

『티모크라테스』 3권

『메트로도로스』 5권

『안티도로스』 2권

미트라스에게 말하는 형식의 『질병론』

『칼리스톨라스』

『왕국론』

『아낙시메네스』

『서간들』

이제 나는 에피쿠로스의 모든 철학이 집약된 그의 세 편의 편지를 제시하여, 그가 이 저작들을 통해 무엇을 생각하고 가르쳤는지를 보여주고자 한다. 또한, 나는 그의 『주요 가르침들』과 그가 한 29 말 중에서 인용할 가치가 가장 높은 것들을 선별해 제시함으로써, 당신이 에피쿠로스라는 사람의 모든 것을 철저하게 알고 판단할 수 있게 할 것이다.

첫 번째 편지는 에피쿠로스가 헤로도토스에게 쓴 것으로 자연학에 관한 것이다. 두 번째 편지는 피토클레스에게 쓴 것으로 천체 현상에 관한 것이다. 세 번째 편지는 메노이케우스에게 쓴 것으로 인간의 삶에 관한 것이다. 첫 번째 편지부터 시작해야 하겠지만, 그렇게 하기 전에 나는 에피쿠로스가 철학을 어떻게 구분했는지에 대해 먼저 간단하게 말해두고자 한다.

에피쿠로스 철학은 규범론, 자연학, 윤리학, 이렇게 세 부분으 30 로 구분된다. 규범론은 에피쿠로스 철학 체계 전반을 어떻게 접근해야 하는지를 보여주는 것으로, 그의 저작 『규범론』에 담겨 있다. 자연학은 자연에 관한 모든 탐구를 다루는 것으로, 『자연학』 37권에 담겨 있고, 서신들에 요약된 형태로 담겨 있다. 윤리학은 선택과 회피를 다루는 것으로, 『인생론』과 『목적론』이라는 책들과 여러 서신에 담겨 있다.

에피쿠로스주의자들은 통상적으로 규범론과 자연학을 함께 묶어서, 규범론은 진리의 판단 기준, 제1원리, 철학 체계의 기본 요소들을 다루고, 자연학은 생성과 사멸 그리고 자연을 다루며, 윤리학은 선택과 회피, 인생과 그 목적을 다룬다고 말한다.

31 에피쿠로스주의자들은 변증학[59]이 우리를 오도하므로 무가치한 것으로 여기고 배척한다. 자연철학자들은 사물의 목소리를 따라가는 것으로 충분하다고 보기 때문이다. 그래서 에피쿠로스는 『규범론』에서 진리의 기준은 감각, 선개념, 느낌[60]이라고 말하고, 에피쿠로스주의자들은 거기에 지성이 심상을 포착했을 때 생겨나는 인식[61]을 추가한다.

에피쿠로스도 헤로도토스에게 보낸 서신에 나오는 요약과 『주요 가르침들』에서 이렇게 말한다.

---

59 "변증학"은 삼단논법을 중심으로 순전히 이성적 추론을 통해 진리를 도출해내는 것으로, 소크라테스, 플라톤, 아리스토텔레스가 사용한 방법론이다. 실제로 소크라테스는 아낙사고라스(기원전 약 500-428년)의 제자였던 아르켈라오스(기원전 5세기에 활동)에게서 배웠고, 자연철학자들이었던 그들은 천체 현상을 비롯한 만물을 자연학적 방법으로 이해하려 했다. 그래서 소크라테스는 처음에는 자연철학자들의 방법론을 따라 관찰을 기초로 진리를 도출해내고자 했지만 실패했다고 고백하고, 그 후로는 오로지 이성에 기초한 이성적 추론으로 모든 진리를 이끌어냈다고 말한다.

60 "사물의 목소리를 따라가는 것"은 사물들이 보이고 말하는 것을 견해(δόξα, '독사')의 개입 없이 직접 인지하는 것을 의미한다. 인간 편에서 사물의 목소리를 인지하는 것을 일차적으로 "감각"(αἴσθησις, '아이스테시스')이라고 한다. 그리고 "선개념"(πρόληψις, '프롤렙시스')은 감각들로 인한 인지가 축적되어 생기는 개념이고, "느낌"(πάθος, '파토스')은 쾌락인지 고통인지를 느끼는 것이다. 이 세 용어는 아주 중요하다.

"모든 감각에는 추론이 결여되어 있고 기억을 조금도 허용하지
않는다. 감각은 자기 자신이 작동하지 않고, 일단 타자에 의해 작
동되면 어떤 것을 더하거나 뺄 수 없기 때문이다. 또한, 감각을 반
박할 수 있는 것은 아무것도 없다. 동일한 감각은 동일한 종류의 32
감각을 반박할 수 없다. 둘 다 똑같이 유효하기 때문이다. 다른 감
각은 다른 종류의 감각을 반박할 수 없다. 판단 기준이 서로 다르
기 때문이다. 이성은 감각을 반박할 수 없다. 모든 이성은 감각에
의존하기 때문이다. 한 감각이 다른 감각을 반박할 수 없다. 우리
는 모든 감각에 똑같이 주의를 기울이기 때문이다. 인지했다는 것
[62]은 감각이 참임을 신뢰할 수 있게 한다. 보는 것과 듣는 것은 고
통을 느끼는 것만큼 확실하다. 따라서 보이지 않는 것들은 보이는
것들로부터 추론해내야 한다. 모든 개념은 일치성, 유추, 유사성,
종합을 통해, 그리고 추론도 어느 정도 기여해서 감각으로부터 만
들어지기 때문이다.[63] 미친 사람이나 꿈꾸는 사람이 본 것들도 감
각을 작동시킨다는 점에서 참이다. 만일 본 것들이 존재하지 않았
다면, 감각을 작동시킬 수 없었을 것이기 때문이다."

---

61 감각은 "심상"(φανταστικός, '판타스티코스')을 만들어내고, 지성은 이 심상을 토대로 "인식"(ἐπιβολή, '에피볼레')을 생성한다.

62 "인지했다는 것"으로 번역한 '에파이스테마'(ἐπαίσθημα)는 감각에 따라 심상이 생겨난 것을 지성이 인지하는 것을 가리킨다. 여기에는 "이성"(λόγος, '로고스')과 관련된 어떤 추론이나 계산이나 사고가 개입될 수 없다.

63 "개념"으로 번역한 '에피노이아'(ἐπίνοια)는 감각들의 축적으로 생겨나는 "선개념"과는 달리 지성의 여러 작용으로 생겨나는데, 이때 지성은 경험들이 서로 일치하는지를 살펴보거나("일치성"), 한 경험을 토대로 다른 경험을 유추하거나("유추"), 서로 비교해서 유사한지를 보거나("유사성"), 여러 경험을 종합한다("종합"). 그리고 이 과정에서 삼단논법을 토대로 한 이성적 추론도 작용한다.

33 에피쿠로스주의자들은 "선개념"이란 붙잡은 것 또는 바른 견해 또는 지성 속에 축적된 보편적인 생각, 즉 외부로부터 여러 차례 주어진 것에 대한 기억이라고 말한다. "이러저러한 것이 사람이다"가 그런 예다. 누가 사람이라고 말하자마자, 즉시 우리는 감각의 선도 아래 "선개념"에 근거해 사람의 모습을 생각해낸다. 따라서 모든 이름과 관련해 일차적인 것은 보이는 것이다. 찾고자 하는 대상을 미리 알지 못한다면, 그 대상을 찾을 수 없다. 예컨대 "저 앞에 서 있는 것이 말인가 소인가"라고 물으려면, 그 전에 선개념에 근거해 소와 말의 모습을 알고 있어야 한다. 선개념에 근거해 소와 말의 모습을 먼저 알고 있지 않았다면, 소와 말의 이름을 부르지 못했을 것이다.

따라서 선개념은 자명한 것[64]이고, 견해는 이전의 어떤 자명한 선개념들에 의거한다. 우리는 선개념에 근거해 자기 견해를 말한다. 예를 들면, "이것이 사람인지를 우리는 어떻게 아는가?" 에피
34 쿠로스주의자들은 견해를 추정[65]이라고 말하고, 견해는 참일 수도 있고 거짓일 수도 있다고 말한다. 즉, 확증되거나 반증되지 않아[66] 참이 될 수도 있고, 확증되지 않거나 반증되어 거짓이 될 수도 있다. 따라서 견해는 확증을 기다린다. 예컨대 망루가 어떻게 생겼는지를 알려면 다가가 가까이에서 볼 때까지 기다려야 한다.

---

64 "선개념"('프롤렙시스')은 감각 인지들의 축적에 따라 자동으로 생겨나는 것이므로 "자명한 것"이다.

65 지성은 선개념들에 근거해 어떤 "견해"(δόξα, '독사')를 만들어내는데, 이것은 아직 참인지 거짓인지가 확증되지 않은 "추정"(ὑπόληψις, '휘폴렙시스')이다.

66 "확증된다"라는 것은 증거를 통해 참이 증명됨을 가리키고, "반증된다"라는 것은 증거를 통해 참이 아님이 증명됨을 가리킨다.

에피쿠로스주의자들은 느낌이 쾌락과 고통, 이렇게 두 가지라고 말한다. 느낌은 모든 살아 있는 것에서 생기는데, 본성에 고유한 것은 쾌락을 낳고, 본성에 이질적인 것은 고통을 낳는다.[67] 쾌락과 고통에 근거해 선택과 회피가 결정된다. 탐구하는 것 중에서 어떤 것은 실재와 관련되고, 어떤 것은 단지 말과 관련된다. 이것이 철학의 구분과 진리의 기준에 관한 에피쿠로스주의자들의 기본 입장이다.

이제 에피쿠로스의 서신으로 돌아가보자.

---

67 이 문장은 고대 그리스 철학의 기본을 잘 요약하고 있다. 고대 그리스인들은 본성에 고유한 것을 '아가토스'(ἀγαθός), 즉 "좋은 것" 또는 "선"이라고 하고, 본성에 이질적인 것을 '카코스'(κακός), 즉 "나쁜 것" 또는 "악"이라고 했다. 이렇게 그들에게는 자연학과 윤리학이 서로 철저하게 연결되어 있다. 따라서 우리는 그들이 "선"이나 "악"이라고 말했을 때 윤리적인 관점에서만 보아서는 안 된다.

Epicurus: The Extant Remains

02

헤로도토스에게 보낸 서신

에피쿠로스가 헤로도토스에게 문안 인사를 전한다.

헤로도토스여, 내가 자연에 관해 쓴 모든 글을 제대로 정확하게 35 볼 수 없는 사람들과 내가 쓴 방대한 책들[68]을 면밀하게 검토할 수 없는 사람들을 위해 나의 철학 체계 전반을 충분히 요약한 글[69]을 이미 마련해두었는데, 이는 그들이 나의 철학 체계 전반에 걸친 기본 원리들을 익히고 암기해두었다가, 본격적으로 자연학을 연구해나갈 때 가장 중요한 것과 관련해 그때그때 도움을 받을 수 있게 하려는 것이었다.

철학 체계 전반에서 상당한 정도의 진전을 이룬 사람들도 이렇게 기본적인 원리를 요약해놓은 것을 암기해두어야 한다. 전체적이고 포괄적인 설명은 자주 필요하지만, 개별적이고 세부적인 것을 설명

---

68 자연학에 관한 "방대한 책들"은 37권으로 구성된 『자연학』을 말한다.

69 이 글은 『대요약집』이라 불리는 저작이다. 나중에 로마의 시인이자 유물론적 철학자였던 루크레티우스(기원전 약 94-55년)는 이 『대요약집』을 토대로 『사물의 본성론』(*De rerum natura*)이라는 6권으로 된 철학시를 써서, 종교는 미신과 미망의 원천이라 하면서, 물질과 힘은 영원히 존재하고, 어떤 것도 무에서 생겨나지 않고 어떤 것도 무로 돌아가지 않으며, 물질의 시원인 원자는 무한한 세계 전체의 허공을 운동한다고 하는 유물론적 세계관을 시로 읊었다. 이 시에는 에피쿠로스의 철학이 상당히 자세하게 인용되어 있다.

36 해야 할 필요성은 별로 없기 때문이다. 따라서 우리는 끊임없이 기본적인 원리들로 돌아가야 하고, 그렇게 하려면 기본적인 원리들을 암기해, 철학 체계 전반에서 가장 중요한 설명을 파악하고 있어야 한다.

그렇게 개요를 파악해 암기하고 있다면, 모든 개별적이고 세부적인 것에 대한 정확한 지식도 얻게 될 것이다. 체계 전반을 완벽하게 알고 있는 사람이 지닌 가장 중요한 특징은, 모든 정확한 지식에서 날카롭게 관찰한 각각의 것을 기본적인 원리 및 명제들에 비추어 종합하는 능력이기 때문이다. 개별적이고 세부적으로 아주 자세하고 정확하게 설명된 것들을 짤막한 명제들을 통해 자신 속에 담아둘 수 없는 사람은 연구한 것을 지속해서 축적할 수 없기에, 철학 체계 전체를 아는 것이 불가능하다.

37 따라서 내가 제시한 이 방법은 자연학을 공부하는 모든 사람에게 유익하다. 나는 사람들에게 자연학 공부에 힘을 쏟으라고 끊임없이 권고해왔을 뿐만 아니라, 스스로 삶의 대부분을 그렇게 살아왔으므로 너를 위해 철학 체계 전반에 걸친 기본적인 원리들을 요약한 이 글[70]을 썼다.

헤로도토스여, 먼저 어떤 것을 지칭하는 말[71]이 무엇을 의미하는지를 알아야 한다. 말에 근거해 우리는 지성에서 생겨나는 견해

---

70 앞에 언급된 『대요약집』과 대비해 이 서신은 『소요약집』이라 불린다.

71 에피쿠로스는 자신의 『규범론』의 요지를 간단하게 요약해 제시하는데, 먼저 주목할 것은 "말"(φθόγγος, '프통고스')이라고 말한다. 일반적인 소리와는 달리 분명하게 서로 구별되어 의미를 전달하는 소리를 가리키는 '프통고스'는 "선개념"을 유형적으로 표현한 "표상"이다. 그리고 "말들"이 결합되어 앞에 언급된 "명제"(φωνή, '포네')를 만든다.

들, 외부 사물에 대한 탐구와 관련된 문제들, 직접적인 감각 인지와는 상관없이 지성에서 일어나는 문제들을 판단하게 되는데, 말이 무엇을 의미하는지를 알지 못한다면 모든 것이 뒤죽박죽 혼란스러워져서 끝없이 엉뚱한 곳으로 빠져들거나, 말들은 아무 의미도 없는 공허한 것이 되기 때문이다.

말이 무엇을 의미하는지를 알려면 각각의 말과 관련된 최초의 38
개념화된 심상[72]을 보아야 한다. 우리가 탐구나 성찰 혹은 생각을 하고자 한다면 증명이 필요 없는 것이 있어야 하는데, 이 최초의 개념화된 심상이 그것이다.

우리는 전적으로 감각으로 인지한 것, 즉 지성을 비롯해 판단에 관여하는 어떤 것에 직접 주어지는 인식이 무엇인지 주목해야 하고, 마찬가지로 우리 안에서 생기는 느낌[73]을 주목해야 한다. 그렇게 해야만 우리는 확증이냐 불확실이냐를 판단하기 위한 증거를 얻을 수 있다.

이것을 구별한 후에는[74] 감각으로는 인지되지 않는 것[75]에 주목해야 한다. 먼저 존재하지 않는 것에서는 아무것도 생기지 않는다. 그렇지 않다면 모든 것이 모든 것에서 생겼을 것이고, 씨앗은 전혀 필요하지 않았을 것이기 때문이다.

---

72 "개념화된 심상"(ἐννόημα, '엔노에마')은 감각으로 우리 마음에 맺히는 심상들이 축적되어 생긴 "선개념"('프롤렙시스')과 연결되어 있는 심상을 가리킨다.

73 사물에 대한 판단 기준은 "감각"과 "선개념"이고, 윤리의 판단 기준은 본성에 고유한 것이냐 본성에 이질적인 것이냐, 또는 쾌락이냐 고통이냐를 말해주는 "느낌"이다.

74 "이것을 구별한 후에는"을 풀어쓰자면 "말의 올바른 사용과 잘못된 사용, 판단의 참된 기준과 거짓된 기준이 무엇인지, 그 차이를 안 후에는"이라는 뜻이다.

39 또한, 만일 파괴되어 사라지는 것이 더 이상 존재하지 않는다면, 모든 것은 해체되어 존재하지 않겠고 완전히 소멸하고 말았을 것이다. 우주[76]는 언제나 현재와 같은 모습일 것이고, 앞으로도 언제나 그럴 것이다. 우주는 어떤 다른 것으로 변화하는 것도 없고, 우주 밖에는 우주 안으로 들어와서 만물을 변화시킬 것이 없기 때문이다.

우주는 물체와 허공이다.[77] 〔에피쿠로스는 『대요약집』 처음 부분과 『자연학』 제1권에서도 이에 대해 말한다.〕[78] 물체들이 존재함은 감각 자체에 의해 어디서든 증명되고, 추론을 통해 불확실한 것을 증명하
40 려면 반드시 감각에 근거해야 한다. 그리고 만일 우리가 허공, 공

---

75 "감각으로는 인지되지 않는 것들" 중에서 대표적인 것은 신들이다. 신들은 인간의 감각으로는 인지되지 않고 지성으로 곧바로 들어와서 심상을 만들어낸다. 다음으로는 학문적인 개념들이 있다. 이 개념들은 감각과 선개념과 느낌이라는 일차적인 과정이 아니라, 지성이 감각에 근거한 분명하고 직접적인 증거들에 비추어 수행하는 "인식"이라는 이차적인 과정을 통해 얻어진다. 중요한 것은 이 인식('에피볼레')에는 견해가 개입되지 않는다는 것이다. 그리고 이 모든 것의 전제는 "존재하지 않는 것에서는 아무것도 생겨나지 않는다"이다. 모든 것은 이미 존재하는 것, 즉 만물의 시원이자 "씨앗"인 "원자"에서 생겨난다.

76 "우주"로 번역한 '토 판'(τὸ πᾶν)은 직역하면 "모든 것인 어떤 것"이다. 우리가 보통 우주라고 번역하는 '코스모스'(κόσμος)는 에피쿠로스의 글에서는 우주 안에 무한히 많이 존재하는 각각의 "세계"를 가리킨다.

77 이제 에피쿠로스는 우주의 구성에 대한 고찰로 넘어간다. "물체"(σῶμα, '소마')는 원자들과 원자들의 합성물이고, "허공"(κενός, '케노스')은 비어 있는 공간이다. '공간'이라고 해도 되겠지만, 비어 있음을 강조하기 위해 '케노스'라는 용어를 택한 것으로 보인다.

78 대괄호 〔 〕 안에 있는 것은 '스콜리온'(σχόλιον)이라 불리는 난외주에 나오는 내용이다. '스콜리온'은 후대 사람들이 원문에 덧붙인 해석 또는 주해인데, 양피지 난외에 기록했다. 스콜리온은 여러 중요한 정보를 제공하는 경우가 많으므로, 여기서도 스콜리온을 함께 번역했다.

간, 감각으로 부르는, 인지할 수 없는 것이 존재하지 않는다면 사물들이 있을 공간도 없고, 우리에게 사물들은 움직이는 것으로 보이지만 그것이 움직일 공간도 없을 것이다.

사물들과 허공 외에는 어떤 것도 존재하지 않는다. 우리는 감각에 의한 인지나 인지에 근거한 유추를 통해 모든 존재하는 것의 우연한 속성이나 고유한 속성을 인식하는 것이 아니라 모든 존재하는 것의 전체적인 형태를 인식한다. 하지만 우리는 그런 감각에 의한 인지나 유추를 통해 살핀 바, 사물들과 허공 이외의 어떤 다른 것이 존재한다고 생각할 수 없다.

물체 중 어떤 것은 합성물이고, 어떤 것은 합성물을 구성하는
요소들이다. 〔그는 『자연학』 제1권, 제14-15권과 『대요약집』에서 이것에
대해 말한다.〕 모든 것이 파괴되어 무가 되지 않으려면, 그 요소들은 41
더 이상 나누어질 수 없고 변할 수 없어야 하고, 합성물이 해체될
때 존속할 수 있을 정도로 그 성질이 충분히 강해 어떤 것에 의해
서도, 그리고 어떤 식으로도 해체되지 않아야 한다.[79] 따라서 사물
들의 시작은 나누어질 수 없는 성질을 지닌 어떤 것들이다.

우주는 무한하다. 유한한 것에는 끝나는 지점이 있고, 어떤 것의 끝나는 지점은 어떤 다른 것으로 드러난다. 하지만 우주의 경우에는 어떤 다른 것에 의해 그 끝나는 지점이 드러나지 않는다. 이렇게 우주에는 끝나는 지점이 없으므로, 한계가 없고, 한계가 없으므로 유한하지 않고 무한하다.

---

79 루크레티우스는 『사물의 본성에 대해』에서 궁극적인 입자들, 즉 원자들은 "단단하고 단일하며 영원하다"라는 것을 보여주는 일련의 긴 논거들을 제시한다(540-550).

42 우주는 물체들의 수와 허공의 크기에서 무한하다. 허공이 무한하고 물체들이 유한하다면, 물체들은 어디에도 머물러 있지 못해 무한한 허공을 따라 계속 흩어질 것이고, 서로 지탱하거나 견제해서 각자의 자리에 있지 못하게 된다. 반면에 허공이 유한하고 물체들이 무한하다면, 물체는 있을 공간이 없게 된다.

합성물은 물체를 가득 채우고 있는 이 원자들[80]에서 생겨나고, 해체되면 다시 원자들로 돌아가는데, 원자들은 서로 다른 무수히 많은 형태를 지닌다. 한정된 형태를 지닌 원자들로부터는 이렇게 무한히 많은 사물이 생길 수 없기 때문이다. 각각 동일한 형태를 지닌 원자들은 절대적으로 무한하고, 원자들이 지닌 서로 다른 형
43 태의 수는 무수히 많긴 하지만, 절대적으로 무한하지는 않다. 〔에피쿠로스는, 어떤 것이 자기 수를 무한히 증식해 나간다면 속성이 변하므로, 나누어질 수 있는 것도 무한하다고 할 수 있다고 했다.〕

원자들은 영원토록 끊임없이 운동한다.[81] 〔에피쿠로스는 허공에서는 가장 가벼운 것과 가장 무거운 것이 같은 속도로 운동하므로, 모든 원자는 같은 속도로 운동한다고 말한다.〕 원자들 중 어떤 것은 곧장 아래로 떨어지고, 어떤 것은 방향을 바꾸며, 어떤 것은 충돌해 튕겨 나오는

---

80 "원자"로 번역한 '아토모스'(ἄτομος)는 "나눌 수 없는 것"이라는 뜻이다. "원자"는 허공과 섞이지 않는 속이 꽉 차 있는 단단한 물체다. 원자의 크기는 "끝점"(πέρας, '페라스')의 수로 결정되고, 끝점 수가 증가하면 원자의 크기도 변한다.

81 "원자들은 영원토록 끊임없이 운동한다"라는 것, 그래서 합성물 속에서 끊임없이 진동한다는 것은 에피쿠로스 자연학에서 아주 중요해서, 루크레티우스도 『사물의 본성에 대해』에서 아주 길게 다룬다(II. 80-332). 대부분 학자는 이 문장 다음에 원자 운동의 두 가지 주요 원인인 "무게"와 "방향 전환"을 다루는 내용이 있어야 하나 멸실되었다고 본다. 원자들은 자신의 "무게"로 아래로 떨어지는 운동을 하고, "방향 전환"으로 서로 충돌하고 모든 방향으로 끊임없이 운동한다.

데, 튕겨 나오는 것 중에서 어떤 것은 서로 멀리 떨어지고, 어떤 것은 다른 원자들과 뒤엉키거나 다른 원자들 사이에 갇혀 한곳에서 진동하는 운동을 한다.[82]

이 운동은, 허공이 원자들을 서로 떨어져 있게 하면서도 원자들 44
의 운동을 방해할 수 없고, 원자들은 단단해서 충돌한 후에는 다시 다른 원자들에 의해 갇힐 때까지 가능한 한도 내에서 가장 멀리 튕겨 나가기 때문에 일어난다. 원자들과 허공이 이 운동의 원인이므로, 이 운동은 시작점이 없다.[83] 〔에피쿠로스는, 원자가 형태, 크기, 무게를 제외하고는 어떤 속성도 지니지 않는다고 말한다. 하지만 원자들의 배열에 따라 색은 변한다고 『열두 가지 기본 원리』에서 말한다. 원자들은 감각으로 인지할 수 있는 그런 크기로 되어 있지 않다.〕

위에서 내가 말한 모든 것을 기억한다면, 이것들은 존재하는 것 45
의 본성을 이해하는 데 충분한 개요가 된다.

이 세계와 유사하거나 유사하지 않은 무한한 수의 세계가 존재한다. 방금 보여주었듯 원자는 무한히 많고, 계속 이동하기 때문이다. 그리고 세계는 원자로부터 또는 원자에 의해 생겨나는데, 원자는 하나의 세계 또는 서로 유사하거나 서로 다른 유한한 수의 세계를 생성한 다음, 전부 소진되는 것이 아니기 때문이다. 따라서 그 무엇도 무한한 수의 세계가 생성됨을 방해하지 못한다.

---

82 충돌하는 원자들이 "서로 멀리 떨어지"게 되면 공기나 물처럼 허공이 많이 섞인 합성물이 되고, "뒤엉키"면 고체가 되며, "갇혀 한곳에서 진동하는" 경우에는 액체가 된다.

83 각각의 원자는 합성물 속으로 들어갔을 때도 허공에 둘러싸여 있고, 허공은 원자의 운동을 전혀 방해하지 않으며, 완벽하게 단단하고 절대로 양보하지 않는 원자들이 끊임없이 서로 충돌해 사방으로 튕겨 나가므로 계속해서 운동한다.

46 감각 대상들에는 그 대상과 동일한 형태를 지니면서도 너무나 얇아서 우리 감각으로는 인지할 수 없는 형체가 존재한다.[84] 감각 대상을 둘러싸고 있는 것[85]에서 그런 형체가 형성되는 것은 불가능하지 않고, 감각 대상들 주위가 속이 비어 있는 얇은 형체가 생길 수 있는 적절한 환경이라는 것도 불가능하지 않으며, 그런 형체가 자신의 배열[86]을 그대로 유지한 채 감각 대상들로부터 유출되어 나오는 것도 불가능하지 않기 때문이다. 우리는 이 형체를 "유체"라 부른다.

47 우리가 감각 대상들을 인지할 때 유체들이 상상을 초월할 정도로 얇다고 생각하는 것은 어떤 것과도 모순되지 않는다. 유체들은 그 정도로 얇기 때문에 상상을 초월하게 빠른 속도로 운동한다. 유체들을 이루는 모든 원자의 운동은 일정하고, 게다가 많은 수의 원자나 무한한 수의 원자로 이루어진 물체는 즉시 충돌로 방해받지만, 충돌을 통해 이 원자들의 운동을 방해할 것은 아예 없거나 극소수이기 때문이다.[87]

---

84 "감각"은 에피쿠로스 인식론의 토대이므로, 감각 인지가 어떤 식으로 생겨나는지를 반드시 알아야 한다. 그는 물체로부터 유출되어 나온 어떤 형체인 "유체"(εἴδωλον, '에이돌론')는 공기를 가로질러 감각 기관과 충돌하여 인지를 일으킨다고 말한다. 이 이론은 이전 원자론자들로부터 물려받은 것이다. '에이돌론'은 속이 비어 있고 형체만 있는 것을 가리키는 단어여서, "환영, 유령, 심상, 이미지" 등을 가리킨다. 여기서는 물체의 표면에서 나오는 얇은 막인 '에이돌론'을 유령(幽靈)과 비슷한 단어인 유체(幽體)로 번역한다.

85 "감각 대상을 둘러싸고 있는 것"은 일반적으로 "공기"이지만, 반드시 공기만은 아니므로 이렇게 표현한 것으로 보인다.

86 원문에는 '테신 카이 바신'(θέσιν καὶ βάσιν)으로 되어 있다. '테시스'는 각각의 원자가 놓인 상태를 가리키고, '바시스'는 각각의 원자가 다른 원자들과의 사이에서 지닌 위치를 가리킨다. 여기서 말하려는 것은 감각 대상과 거기로부터 유출되는 "유체"는 원자들의 "배열"에서 동일하다는 것이다.

유체의 생성은 생각의 생성만큼 빠르다고 하는 관념을 반박할 수 있는 것도 없다.[88] 그래서 원자는 물체 표면으로부터 계속해서 유출되긴 하지만, 그렇게 해서 잃어버린 원자들은 계속 채워지므로, 물체의 크기가 줄어드는 것으로는 원자들의 유출을 확인할 수 없다. 물체로부터 유출된 유체는 단단한 물체를 구성하는 원자들의 배열을 오랫동안 보존한다. 종종 그 배열이 흐트러지기도 하지만 말이다. 게다가 물체에서 유출된 것이 아니라 스스로 합성된 유체는 원자들을 속속들이 채워 넣을 필요가 없으므로 주변 공기에서 신속하게 만들어진다. 이런 종류의 유체들은 그 밖의 다른 방법에 의해서도 만들어진다. 감각이 우리에게 외부 대상의 분명한 것들을 어떤 식으로 가져다주는지를 살펴본다면, 감각이 우리의 이러한 생각들 중 어느 하나도 반증하지 않는다는 것을 알게 된다. 48

우리는 외부 대상이 우리에게 들어오므로, 대상을 보고 그 대상에 대해 생각하는 것이라고 여겨야 한다. 외부 대상은 우리와 대상 사이에 있는 공기를 통해, 또는 우리로부터 대상으로 나가는 광선이나 어떤 유출된 것을 통해서가 아니라,[89] 색과 형태에서 외부 대상과 동일한 유체가 대상으로부터 나와 각각의 크기에 따라[90] 우리의 눈이나 지성으로 들어옴으로써 대상 자신의 고유한 형태와 색 49

---

87 합성물의 운동을 방해하는 것은 두 가지인데, 하나는 다른 물체와의 충돌이고, 다른 하나는 합성물 자체 내에서 일어나는 원자들의 충돌과 운동이다. 이렇게 해서 합성물의 운동 속도가 느려지므로, 우리는 합성물을 눈으로 인지할 수 있다. 하지만 유체들은 이 두 방해 요소가 없다고 할 수 있으므로, 그 운동 속도가 상상을 초월할 정도로 빠르다.

88 유체들은 물체로부터 유출되어 상상할 수 없이 빠른 속도로 우리의 감각 기관에 도달하는 것 외에도, 물체 표면에서 상상할 수 없을 정도로 다시 생성되어 계속 유출되기 때문에 단절 없이 우리에게 인지된다.

50 을 우리에게 각인시키기 때문이다. 유체는 단단한 물체 속 깊은 곳에서 이루어지는 원자들의 진동에 의해 유출되어 빠르게 움직여 이동해 와 계속해서 일정하게 우리 감각에 도달하므로, 그 물체의 일련의 특질을 그대로 보존해서 하나의 연속적인 심상을 전해준다.

지성이나 감각 기관의 인지를 통해 얻어지는 모든 심상은 형태에 관한 것이든 속성에 관한 것이든 단단한 물체의 형태거나 속성이고, 단단한 사물로부터 흘러나온 일련의 유체 또는 그 잔재로 생긴다. 하지만 확증이나 반증을 기다리는 무언가가 확증되지 않거나 반증될 때 거짓과 오류에 대한 판단이 더해진다.[91] 〔심상과 결부되어 있긴 하지만 심상과 구별되는 우리 속의 어떤 움직임을 따르는 것이 오류의 원인이 된다.〕

51 이런 종류의 유출이 실제로 우리 감각에 도달하지 않는 한, 잠을 잘 때 꿈에서 생기거나, 지성이나 그 밖의 어떤 판단 수단에 의한 인지로 얻는, 물체를 닮은 심상이 우리가 실재라고 부르는 존재

---

89 데모크리토스는 대상으로부터 나온 유체가 우리 눈으로 들어오는 것이 아니라, 공기 중에서 이차원의 인상을 만들어내고, 이 인상은 단단해서 눈의 부드러운 물질 속으로 들어와서, 동공에 상을 맺히게 함으로써, 우리가 보는 것이라고 말했다. 하지만 에피쿠로스는 공기가 그런 인상을 받아 유지할 수 있다고 믿지 않았다. 또한, 엠페도클레스와 파르메니데스는 눈에서 나가는 광선이 대상의 유체에 작용해서 상을 만들어낸다고 주장했다.

90 감각 기관으로 인지할 만큼 큰 유체는 감각 기관으로 들어와 심상(φαντασία, '판타시아')을 만들어내고, 감각 기관으로 인지할 수 없는 미세한 유체는 지성으로 곧장 들어가서 심상을 만들어낸다. "심상"은 그 자체로는 감각으로 인지할 수 없는 일련의 유체들에 의해 감각 기관을 통해 생성되는 이미지다.

91 감각으로부터 생겨나는 "심상"과 지성에 의한 "인지"는 참이고, 그중에는 더 정확한 인지에 의해 참이나 거짓이 판명되기 전에는 참도 거짓도 아닌 것, 즉 "확증을 기다리는" 것도 있지만, 이 심상과 인지가 확증되지 않거나 반증되었다고 추론하는 경우 우리의 지성은 거짓이라고 판단한다.

하는 물체와 일치하는 일은 가능하지 않다. 심상을 인지하는 것과
밀접하게 결부되어 있으면서도 그와는 다른 어떤 움직임이 우리
안에서 생기지 않는다면, 오류는 일어나지 않을 것이다. 이 움직임
에 의해 심상에 대한 인지가 확증되지 않거나 반증되는 경우에는
거짓이라는 판단이 생기고, 확증되거나 반증되지 않는 경우에는
참이라는 판단이 생긴다. 따라서 우리는 이 가르침을 마음속에 담 52
아두는 데 최선을 다해야 하고, 감각이나 지성으로 분명하게 판단
기준을 인지해야 한다는 원칙을 훼손하지 말고, 또한 거짓을 참이
라고 해서 모든 것을 혼란에 빠뜨리지 말아야 한다.[92]

듣는 것도, 말하거나 소리나 소음을 내거나 그 밖의 다른 방식으로 청각을 자극하는 대상에서 유출되어 나오는 것이 있을 때 생긴다. 대상으로부터 유출되어 나오는 것은 동질적인 입자[93]들로 이루어져 있고, 이 입자들은 일치된 특질을 공유하면서 특정 통일

---

92 감각과 지성을 통한 "인지"와 지성의 자발적인 움직임인 추론으로 생기는 "견해"는 아주 비슷해서 혼동할 수 있지만, 전자는 참인 반면에 후자는 거짓과 오류를 불러일으키므로 이 가르침을 명심해야 한다는 의미다.

93 "입자"로 번역한 '옹코스'(ὄγκος)는 직역하면 '덩어리'라는 뜻인데, 각각의 원자를 이루고 있는 '서로 분리될 수 없는 가장 작은 부분들'을 가리킨다. 각각의 원자는 '자신만의 고유한 부분들과 배열'을 지니고 있기 때문이다. 에피쿠로스는 다른 곳에서는 이 "입자"를 "끝점"(πέρας, '페라스')이라고도 부르고, 이 끝점의 개수가 원자의 크기를 결정하고, 이 끝점의 배열은 원자의 형태를 결정한다고 말했다. 소리 입자들의 경우 이 입자들이 모여 날카로운 모양을 하고 있으면 날카로운 음으로 들리고, 둥근 모양을 하고 있을수록 저음이 된다. 반면 데모크리토스는 원자는 어떤 부분도 갖고 있지 않다고 말했다. "입자"의 사전적 정의는 "아주 작고 거의 눈에 보이지 않을 정도의 작은 물체"로, 불의 입자, 공기의 입자, 물의 입자 등과 같이 사용된다. 이 대목에서는 "입자"를 "한 원자를 구성하는 부분"이라는 의미로 사용하지만 책의 다른 곳에서는 동질적인 원자들이 특정하게 배열되어 서로 뭉쳐 불이나 공기나 바람 같은 하나의 성질을 지닌 원자들의 덩어리라는 의미로 사용한다.

성을 이루는데, 이 통일성은 소리를 방출한 대상으로부터 온다. 이렇게 대상에서 유출되어 나온 것이 지닌 이 통일성 때문에 사람들은 대체로 어떤 음성이나 소리인지를 이해하게 되지만, 그렇지 않은 경우에는 단지 어떤 외부 대상이 존재한다는 것만을 분명히 인
53 식한다. 그 대상과 일치하는 특질들이 외부 대상으로부터 우리 감각에 전달되지 않는다면, 그런 종류의 인지는 생기지 않는다. 우리는 자신에게서 나오는 목소리나 그 밖의 다른 비슷한 소리에 의해 공기 자체가 특정한 형태로 바뀐다고 생각해서는 안 된다.[94] 음성이나 소리가 공기에 그런 식으로 작용하는 것은 전혀 사실이 아니기 때문이다. 따라서 우리가 음성을 낼 때 우리 안에서 일어나는 충격으로 그 즉시 입자들이 짓눌려 배출되고, 이렇게 해서 호흡을 닮은 어떤 것이 유출되어 나오며, 이 유출되어 나온 것들이 청각을 자극해 우리가 들을 수 있게 된다.

청각과 마찬가지로 후각에 어떤 감각이 생길 수 있는 것도 이 감각 기관을 자극할 정도의 적절한 크기의 입자들이 외부 대상으로부터 유출되어 나오기 때문이라고 생각해야 한다. 그 입자들 중 어떤 것은 무질서하고 후각에 이질적인 것이고, 어떤 것은 질서정연하고 후각에 동질적인 것이다.

〔우리는 물체의 구성요소인 물질 자체를 볼 수는 없지만, 주변에서 보는
54 물체들의 특질은 이 구성요소인 물질의 기본 속성에서 나온다.〕 원자들은 형태, 무게, 크기 그리고 형태와 필연적으로 결합된 여러 가지를 제외하고는 감각 대상인 물체가 지닌 어떤 특질도 없다고 생각해

94 데모크리토스는 어떤 소리로부터 나오는 입자들이 공기를 찢어서, 그 소리와 동일한 형태의 형체를 만들어내고, 이것이 우리 청각에 각인되는 것이라고 말했다.

야 한다. 모든 특질은 변하지만, 원자는 변하지 않기 때문이다. 합
성물이 해체될 때 단단하고 해체될 수 없는 어떤 것이 여전히 남아
있어야 변화가 가능하다는 점에서, 원자는 변하지 않는다. 변화라
는 것은 합성물이 존재하지 않는 것으로 변하거나, 존재하지 않는
것이 합성물로 변하는 것이 아니다. 변화는 많은 경우 일부 입자
의 위치 변동으로 일어나고, 종종 입자들의 첨가나 이탈로 일어나
기도 한다. 그러므로 위치를 바꾸는 입자들은 소멸될 수 없는 것이
어야 하고, 변하는 본성을 지니지 않는 것이어야 하며, 자신의 고
유한 질량과 형태를 지니고 있어야 한다. 따라서 원자들은 불변할
수밖에 없다. 우리가 인지할 수 있는 물체에서 일부 입자들의 이탈 55
로 변화가 일어나도, 그 물체의 특질 중 어떤 것은 그렇게 변화된
물체에 남아 있지 않고 완전히 사라지지만, 형태는 여전히 남아 있
기 때문이다. 따라서 합성물의 변화에서 적어도 어떤 것은 소멸하
여 없어지지 않고 반드시 남아 있을 수밖에 없고, 이 남은 입자들
이 합성물의 차이를 충분히 만들어낼 수 있다.

우리는 온갖 크기의 원자가 존재한다고 생각해서는 안 된다. 그
렇게 생각하는 것은 우리가 실제로 보는 것과 반대되기 때문이다.
하지만 우리는 원자들의 크기가 어느 정도는 다르다고 생각해야
한다. 그렇게 생각하는 것이 우리 느낌과 감각에서 일어나는 것을
더 잘 설명하기 때문이다. 하지만 사물 간 특질의 차이를 설명하기 56
위해 온갖 크기의 원자가 존재한다고 전제할 필요는 없다. 게다가
온갖 크기의 원자가 존재한다면, 어떤 원자들은 우리의 시각 속으
로 들어와 볼 수 있어야 하지만, 실제로 그런 일은 일어난 적도 없
고, 원자를 볼 수 있다는 것은 상상조차 할 수 없다.

우리는 유한한 물체 속에 무한한 수의 입자들 또는 온갖 크기의

입자들이 존재할 수 있다고 생각해서는 안 된다.[95] 따라서 우리는 모든 물체를 점점 더 작은 부분으로 무한히 쪼개 없애 한없이 약하게 만들 수 있다거나, 합성물에 들어 있는 것을 강제로 부수고 짓눌러 짜고 다 없애버려 존재하지 않는 것으로 만들 수 있다고 생각해서도 안 되고, 유한한 사물을 점점 더 작은 부분들로 무한히 만
57 들어나가는 것이 가능하다고 여겨서도 안 된다. 우리가 일단 물체 안에 무한한 수의 입자들 또는 온갖 크기의 입자들이 존재한다고 말하면, 어떻게 사물의 크기가 제한될 수 있는지를 알아야 하는데, 그것을 아는 것이 불가능하기 때문이다. 무한한 수의 입자들이 이런저런 크기를 지니고 있다는 것은 분명하다. 그렇다면 그 입자들이 아무리 작더라도, 물체의 크기는 무한할 수 있기 때문이다. 게다가 입자들은 비록 우리가 그 끝점을 볼 수 없더라도 구별 가능한 끝점을 지니고 있으므로, 어떤 입자의 끝점 바로 다음에 또 다른 입자의 끝점이 이어져 있다고 생각하는 것을 피할 수 없고, 우리 생각 속에서는 그런 식으로 한 끝점을 다른 끝점으로 이어가는 것을 무한히 진행해나갈 수 있다.

58 감각으로 인지할 수 있는 가장 작은 입자는 위치를 바꿀 수 있는 원자들과 정확히 똑같지도 않고, 모든 점에서 완전히 다르지도 않으며, 어느 정도의 공통점을 지니지만, 감각으로 인지할 수 있는 여러 부분으로 구분할 수는 없다고 생각해야 한다.[96]

끝점과 한 원자 전체 간의 이 공통적인 유사성[97]에 근거해 끝점에도 여러 부분이 있다고 생각해서 그것을 구분해내려고 그 끝점을 이리저리 둘러보면, 우리 눈에 들어오는 것은 첫 번째 끝점과

---

95 데모크리토스는 온갖 크기의 원자가 존재하고, 어떤 원자는 아주 크다고 말했다.

같은 다른 끝점일 수밖에 없다. 우리는 첫 번째 끝점에서 시작해, 그 끝점의 경계 내에 있는 어떤 것이나 그 끝점의 부분이 아닌 다른 끝점을 연속적으로 보게 되는데, 큰 물체에는 끝점들이 더 많고, 작은 물체에는 끝점이 더 적기 때문에, 물체의 크기를 나타내 보여주는 끝점들의 고유한 특성에 근거해 우리는 물체의 크기를 알게 된다.

우리는 한 원자의 가장 작은 부분과 원자 전체의 관계도 같다고 59
생각해야 한다. 한 원자의 가장 작은 부분은 감각으로 인지되는 물체를 구성하는 한 원자와는 크기에서 월등히 작지만, 한 원자의 가장 작은 부분과 한 원자 전체의 관계는 한 원자와 물체 전체 간의 관계와 동일하다. 앞에서 우리는 원자와 감각으로 인지할 수 있는 물체의 관계를 근거로, 원자는 감각으로 인지할 수 있는 물체보다 훨씬 작기는 하지만 크기를 지니고 있다고 말한 바 있다.

우리는 이 가장 작고 구분할 수 없는 부분들이 끝점[98]이고, 끝점들은 우리가 보이지 않는 원자를 사고 속에서 보면서 그 원자의

---

96 데모크리토스에 따르면 어떤 소리로부터 나오는 입자들이 공기를 찢을 때, 그 소리와 동원자를 이루고 있는 입자들인 "끝점"은 우리가 "감각으로 인지할 수 있는 가장 작은 입자"다. 이 입자는 위치 이동을 할 수 없고, 여러 부분들로 구분할 수 없는 입자다. 반면에 감각으로 인지할 수 있는 물체의 원자는 물체 내부에서 위치를 바꿀 수 있고, 여러 부분들로 구분할 수 있다.

97 여기서 "공통적인 유사성"은 끝점에 있는 입자들도 위치를 바꿀 수 있는 원자들과 마찬가지로 "크기"를 지니고 있다는 것이다. 하지만 공통적인 유사성은 거기에서 그치고, 위치를 바꿀 수 있는 원자들은 구분되고 나눌 수 있지만, 한 원자의 끝점을 이루는 입자들은 우리의 감각 인지를 통해 여러 부분으로 구분할 수 없다.

98 에피쿠로스는 앞에서는 "끝점"을 '아크로스'(ἄκρος)로 지칭했는데, 여기서는 '페라스'(πέρας)로 지칭한다. '아크로스'는 "가장 먼 곳"이라는 뜻이고, '페라스'는 "끝"이라는 뜻이다.

많고 적음의 규모를 가늠하게 해주는 일차 단위라고 생각해야 한다. 원자의 가장 작은 부분인 끝점들과 감각으로 인지할 수 있는 물체의 가장 작은 동질적인 부분 사이의 유사성은 우리의 이러한 결론이 정당함을 충분히 입증하기 때문이다. 하지만 원자의 가장 작은 부분이 운동을 통해 서로 결합해 원자를 만들어내는 것은 불가능하다.[99]

60 우리는 무한한 공간에서 마치 위나 아래가 존재한다는 듯이 "위로" 또는 "아래로"라고 말해서는 안 된다. 물론 우리가 서 있는 지점으로부터 머리 위에 있는 공간으로 무한대로 나아갈 수도 있고, 우리가 서 있는 지점으로부터 발아래에 있는 공간으로 무한대로 나아갈 수도 있다. 하지만 우리가 서 있는 지점으로부터 머리 위에 있는 공간으로 나아가는 경우에는 우리 위에 있는 다른 사람들의 발에 수천 번도 더 도달하고, 우리가 서 있는 지점으로부터 발아래에 있는 공간으로 나아가는 경우에는 우리 아래에 있는 다른 사람들의 머리에 수천 번도 더 도달할 것인데, 한 공간을 "위"라고 생각함과 동시에 "아래"라고 생각하는 것은 불가능하기 때문이다. 하지만 그럼에도 이 두 가지 운동을 서로 반대되는 방향으로 무한히 나아가는 운동이라고 생각하는 것은 가능하다.

61 다른 원자들과 충돌하지만 않는다면 원자는 허공을 통과해 나아갈 때 같은 속도로 움직일 것이 틀림없다.[100] 원자들이 충돌하지 않는다면 무거운 원자들이라고 해서 작고 가벼운 원자들보다 더

---

99 원자들은 서로 결합해 물체를 만들어내지만, 원자 자체는 나눌 수 없다고 전제했으므로, 원자의 가장 작은 부분들이 서로 결합되어 원자를 만들어내는 것은 가능하지 않다.

빨리 움직이지도 않을 것이고, 작은 원자들도 다른 원자들과 충돌하지 않는다면 일정한 속도를 유지할 것이어서 큰 원자들보다 더 빨리 움직이지 않을 것이며, 충돌의 충격으로 위쪽이나 옆쪽으로 움직이는 원자들이나 자신의 무게로 아래쪽으로 움직이는 원자들이 더 빨리 움직이는 것도 아니기 때문이다. 외적 충돌이나 충돌 후 충격에 따른 힘에 반발하는 원자 자신의 무게로 인한 방해가 없는 한, 무겁고 큰 원자든 가볍고 작은 원자든 둘 다 생각의 속도만
큼 빠른 속도로 움직일 것이 틀림없다. 허공을 통과하는 원자는 다 46b
른 원자들과 충돌하지만 않는다면 우리가 생각할 수 있는 모든 곳에 상상할 수 없을 정도로 짧은 시간에 도달한다. 겉으로 느려 보이거나 빨라 보이는 것은 충돌이 있느냐 없느냐로 결정되기 때문이다.

합성물과 관련해 사실 합성물을 구성하는 모든 원자의 속도는 62
동일하다. 하지만 어떤 원자가 다른 원자보다 더 빠르다고 말하는 이유는 합성물의 모든 원자는, 오직 사고로만 인식할 수 있는 아주 짧은 순간에는 한곳으로 움직이지 않고, 그들의 연속적인 운동이 감각에 의해 인지될 때까지 계속해서 서로 충돌하지만, 우리가 인지할 수 있는 가장 짧은 단위의 시간에서는 한 방향으로 움직이기 때문이고, 우리가 감각으로는 인지할 수 없고 오직 사고에 의해서만 인식할 만한 순간에 일어나는 운동을 운동이라고 말하는 것은

---

100 에피쿠로스는 먼저 허공 속에서 이루어지는 원자들의 운동을 다룬다. 허공 속 원자는 합성물 속 원자와는 달리 물체 내부 진동으로 인한 방해를 받지 않으므로, 오직 외부 물체와의 충돌에 의해서만 방해를 받는다. 모든 원자는 자신의 무게로 아래쪽으로 같은 속도로 운동한다. 하지만 원자들의 자발적인 방향 전환 때문에 충돌이 발생하여, 사방으로 다시 튀어 나가 다시 동일한 속도로 운동하거나, 서로 결합해 합성물을 만들어낸다.

참이 아니기 때문이다. 우리는 감각을 통해 관찰한 것이나 지성으로 인식한 것만 참이라고 한 말을 기억해야 한다.

오직 사고로만 인식할 수 있는 순간 동안에 움직이는 물체를 구성하는 원자들이 여러 지점으로 움직일 때, 움직이는 물체 자체도 여러 지점으로 이동한다고 생각해서는 안 된다. 이것은 불가능하다. 그것이 사실이라면 움직이는 물체는 감각으로 인지할 수 있는 시간 동안 무한한 허공 속의 어느 지점으로부터 모든 지점에 동시 도달하는 것이 되고, 따라서 그 물체가 처음으로 운동을 시작했다고 인식하는 지점에서 출발한 것이 아니게 되기 때문이다. 감각으로 인지되기 전에는 물체의 운동 속도가 원자들의 충돌로 지연된다고 생각하지는 않지만, 사실 물체 전체의 운동은 내부 원자 충돌의 외적 표현이다. 이 원리를 기억해두는 것은 유익하다.

63 우리에게 언제나 가장 확실한 믿음의 근거를 제공해주는 감각과 느낌에 근거해, 혼[101]은 몸이라는 구조체 전체에 퍼져 있는 미세한 입자들로 이루어진 물체로, 열기 섞인 바람과 아주 유사해서, 어떤 점에서는 바람을 닮았고 어떤 점에서는 열기를 닮았다고 생각해야 한다. 하지만 혼을 이룬 입자들은 바람과 열기의 입자들보다 훨씬 더 미세해, 몸의 나머지 구조와 더 잘 어우러질 수 있다. 이 모든 것은 혼의 기능, 느낌, 혼의 손쉬운 운동, 혼의 사고 과정, 우리가 죽을 때 혼을 잃는다는 것으로 증명된다.

또한, 감각을 발생하게 하는 것과 관련해 혼이 가장 큰 원인이

---

101 에피쿠로스는 "혼"(ψυχή, '프쉬케')을 몸 전체에 퍼져 있는 것이라고 말한다. 여기에서 에피쿠로스는 "혼"에 대해서만 언급한다. 그러나 루크레티우는 물론 에피쿠로스도 "혼"과 혼의 원자들이 가슴에 집결되어 만들어진 "지성"(διάνοια, '디아노이아')을 구별한다.

라는 것도 알아야 한다. 하지만 혼은 몸의 나머지 구조 안에 어느 64
정도 에워싸여 있어야만 감각을 얻을 수 있다. 그리고 몸은 감각 발생을 위한 필수 조건을 혼에 제공함으로써, 자신도 혼의 이 능력에 우연적으로 참여한다. 하지만 몸은 혼이 소유한 모든 능력을 지닌 것이 아니므로, 혼이 몸을 떠나면 더 이상 감각을 지니지 않게 된다. 몸은 그 자체 속에 이 능력을 지닌 것이 아니라, 몸과 함께 태어난 어떤 다른 것인 혼이 이 능력에 참여할 기회를 몸에 제공한 것이기 때문이다. 혼은 운동을 통해 이 능력을 현실화해 스스로 감각을 발생시켜 얻고, 앞에서 이미 말했듯 혼과 붙어 있고 연결된 몸에도 이 감각을 전달한다.

따라서 몸의 일부가 상실되어도, 혼이 몸 안에 있는 한, 몸은 감 65
각을 상실하지 않는다. 또한, 혼을 에워싼 것의 일부가 제거되어 혼의 일부가 없어져도, 혼이 계속 존재하기만 한다면 감각은 유지된다. 반면 몸의 나머지 구조의 전부 또는 일부가 계속 존재하더라도, 혼의 본성을 만들어내는 데 필수적인 원자들(그 수가 아무리 소수라도)이 모두 상실된다면, 몸은 감각을 갖지 못하게 된다. 하물며 몸 전체가 해체된다면, 혼은 흩어져 더 이상 전과 동일한 능력을 지니지 못하거나 자신의 고유한 운동을 수행할 수 없으므로 감각
을 지니지 못하게 될 것은 두말할 필요가 없다. 혼은 자신을 에워 66
싸고 있는 몸 안에 존재하면서 이러한 운동을 수행하는 것인데, 혼을 에워싼 것이 더 이상 이전과 같은 역할을 해주지 않고 혼이 이 합성물 안에 존재해 이러한 운동을 만들지 못한다면 혼이 감각 능력을 지녔다고 생각할 수 없기 때문이다. 〔다른 곳에서 에피쿠로스는 이렇게 말한다. 혼은 가장 부드럽고 가장 둥근 원자들로 이루어져 있고, 이 원자들은 불의 원자들보다 훨씬 더 부드럽고 둥글다. 혼 중에서 이성을 지니

지 않은 부분은 몸의 나머지 구조 전체에 산재하지만, 우리의 두려움과 기쁨 같은 느낌이 분명하게 보여주듯 이성을 지닌 부분은 가슴에 상주한다. 혼 중에서 합성물인 몸 전체에 산재한 부분이 고착되거나 흩어져 그 후 서로 충돌할 때 잠이 발생한다. 정액은 몸 전체로부터 생긴다.]

67 또한, "비물질적인 것"이라는 용어는 이 용어의 일반 용법에 따르면 스스로 존재한다고 여겨지는 것을 가리키는 데 사용됨을 분명히 알아야 한다.[102] 하지만 허공 외에는 스스로 존재하는 비물질적인 것으로 생각할 것이 없다. 그리고 허공은 작용하지도 않고 작용을 받지도 않으며, 단지 물체들이 허공을 통해 운동할 기회를 제공할 뿐이다. 따라서 혼은 비물질적인 것이라고 하는 말은 헛소리다. 만일 혼이 비물질적인 것이라면, 혼은 작용할 수도 없고 작용을 받을 수도 없어야 하기 때문이다. 그러나 우리는 이 두 속성, 즉 작용하는 것과 작용받는 것이 분명히 혼에 속함을 안다.

68 따라서 혼에 관한 이 모든 논증을 느낌과 감각의 기준들과 결부하고 앞에서 말한 것들을 기억한다면, 그 사람은 철학 체계의 전체 개요를 충분히 이해한 것이므로, 이 개요를 토대로 개별적이고 세부적인 것들을 확실하게 탐구해 나갈 수 있다.

또한, 우리는 형태, 색, 크기, 무게를 비롯해 물체의 속성을 이루는 모든 고유한 속성들, 즉 모든 물체 또는 보이는 물체 또는 감각을 통해 인지할 수 있는 물체들에 존재하는 모든 고유한 속성이 스스로

---

102 사람들은 "혼"이나 물체들의 속성을 "비물질적인 것"이라고 생각하는 경향이 있는데, 에피쿠로스는 앞에서 혼은 물질적인 것, 즉 물체라는 것을 밝혔고, 거기 근거해 "혼"은 비물질적인 것이 아님을 단언하고, 다음으로는 "속성"도 비물질적인 것이 아니라고 말한 다음, 속성을 고유한 속성과 우연적 속성으로 구분해 속성의 본질에 대해 말한다.

존재하는 것들이라거나(그렇게 생각하는 것은 불가능하다), 나중에 물체 에서 분리되어 없어질 수 있다거나, 물체에 수반된 일종의 어떤 비물질적인 것이라거나, 물체의 일부라고 생각해서는 안 된다. 69

반대로 우리는 물체가 이 고유한 속성들 덕분에 지속해서 존재한다고 생각해야 한다. 하지만 나는 물체를 이루는 일차적 구성 단위 또는 더 작은 부분들이 결합해 더 큰 합성물을 이루는 것과 같은 방식으로 고유한 속성이 결합해 물체를 이루는 것이 아니라, 단지 물체는 그 물체가 지닌 모든 고유한 속성 덕분에 지속해서 존재한다고 말할 뿐이다. 모든 고유한 속성은 각각 인지되고 구별되는 자신만의 방식을 갖고 있지만, 언제나 물체 안에 내재해 있고 물체와 분리되지 않은 채로 인지되고 구별된다. 우리는 한 물체의 모든 고유한 속성을 인식했을 때 그 물체에 이름을 붙여 부른다.

또한, 흔히 물체에는 영속적으로 수반되지 않는 속성이 존재한다. 70 우리는 이 속성들이 전혀 존재하지 않거나, 어떤 물체의 본성을 지니고 있다거나, 보이지 않거나 비물질적인 것으로 분류할 수 있다고 생각해서는 안 된다. 따라서 "우연적인 것들"이라는 용어의 가장 일반적인 의미를 사용해서 이 속성들을 우연적 속성이라고 칭한다면, 우연적 속성들은 그 속성이 속한 물체 전체의 본성(우리는 이 본성 전체를 파악해 그것을 물체라고 부른다)을 지니고 있지 않고, 한 물체에 영속적으로 수반되는 속성들(이것 없이는 그 물체를 생각할 수 없다)의 본성을 지니고 있지 않다는 것을 분명히 해야 한다. 우연적 속성은 자신만의 고유한 인지 방식을 지닌 덕분에, 우리는 합성물 속에서 나타나는 우연적 속성들을 인지할 수 있다.

하지만 우연적 속성들은 물체에 항상 수반하는 것이 아니므로, 71 우리는 각각의 우연적 속성이 나타날 때만 인지할 수 있다. 우연적 속성이 물체 전체의 본성이나 물체 전체에 영속적으로 수반하는 속성을 지니고 있지 않는다고 해서, 이 분명한 것들을 존재의 영역에서 추방해서도 안 되고, 우연한 속성들이 독립적으로 존재한다고 생각해서도 안 된다. 우연적 속성과 영속적 속성이 독립적으로 존재한다고 생각하기란 불가능하기 때문이다. 따라서 우리는 우연적 속성들은 물체에 영속적으로 수반되는 속성이 아니고, 독립적으로 존재하는 것도 아니며, 각각의 우연적 속성이 우리 감각에 나타날 때 그 감각에 의해 드러나는 고유 특성을 지닌 속성으로 생각해야 한다.

72 또한, 이와 관련해 우리가 분명히 알아두어야 할 것이 또 하나 있는데, 그것은 시간의 속성들을 찾을 때는 그 밖의 다른 모든 속성을 찾는 법을 사용해서는 안 된다는 것이다. 우리는 시간 이외의 다른 모든 속성을 자기 지성으로 인식한 선개념에 비추어 눈에 보이는 대상 속에서 찾지만, 시간의 속성은 감각에 따라 직접 인지된 분명한 것에 근거해 찾아야 한다.[103]

우리는 감각을 통해 직접 인지한 분명한 것을 다른 사물에 적용하듯, 시간에 적용하고 검토해 "긴 시간"이라거나 "짧은 시간"이라고 말한다. 우리는 시간과 관련해 더 나아 보이는 표현들을 찾지 말고, 기존의 통상적인 표현들을 사용해야 한다. 또한, 어떤 사람들처럼 마치 시간과 동일한 본질을 지닌 어떤 다른 속성이 있다는 듯

---

103 물체들의 다른 모든 속성은, 어떤 특정한 대상과 관련된 심상들이 축적된 "선개념"에 근거해 지성이 눈에 보이는 대상들(βλεπομένα, '블레포메나')에서 찾아낸다. 하지만 시간의 속성들은 그런 방식으로는 찾을 수 없고, "감각에 따라 직접 인지된 분명한 것"인 '에나르게마'(ἐνάργημα)에 근거해 찾아야 한다. 시간은 어떤 구체적인 물체에 속한 우연한 속성 중 하나이거나 고유 속성이 아니다. 그래서 에피쿠로스는 시간에 대해 "고유한 속성들의 고유 속성"이라고 말했다.

이, 시간에 대해 기존 속성들 외에 다른 속성을 돌려서도 안 된다. 우리는 오직 시간과 결부된 것과 시간을 측정하는 기준에만 생각을
집중해야 한다. 시간이 낮과 밤 그리고 낮과 밤의 부분들과 결부되 73
어 있고, 또한 느낌의 유무,[104] 운동 및 정지와 결부되어 있음을 아는 것은 논리적 증명을 필요로 하지 않고 단지 생각해보기만 하면 되기 때문이다. 우리는 이것을 인지하고, 그렇게 인지한 어떤 것의 우연한 속성들이라고 생각해서, 그것을 시간이라고 부른다.[105] 〔에피쿠로스는 이 두 가지를 『자연학』 제2권과 『대요약집』에서 말한다.〕

우리가 지금까지 말한 것 외에도[106] 세계들 및 우리 눈에 보이는 것과 아주 비슷한 모습을 지닌 모든 유한한 합성물은 무한한 것에서 생겼다고 생각해야 한다. 이 모든 것은 크든 작든 원자 덩어리로부터 떨어져나온 것이기 때문이다. 그리고 모든 것은 다시 해체되는데, 어떤 것은 더 빠르게, 어떤 것은 더 느리게 해체되고, 어떤 것은 이런 일련의 원인으로, 어떤 것은 저런 일련의 원인에 의해 해체된다. 〔따라서 에피쿠로스는 세계를 이룬 부분들이 변화에 종속된다고 말한다는 점에서 세계들이 소멸한다고 보는 것이 분명하다. 다른 곳에서 그

---

104 "느낌의 유무"는 깨어 있을 때는 느낌이 있고 잠들어 있을 때는 느낌이 없으므로, 깨어 있을 때와 잠들어 있을 때의 시간이 어느 정도 지속하는지를 인식하는 것을 가리킨다.

105 이것은 "우리는 한 물체의 모든 고유한 속성을 인식했을 때 그 물체에 이름을 붙여 부른다"(〔69〕)라고 말한 것의 반복이다. 즉, 우리는 낮과 밤, 깨어 있을 때와 잠들어 있을 때, 운동과 정지 같은 감각적 인지를 통해 알게 된 속성들을 종합해서 그 속성들을 지닌 것에 "시간"이라는 이름을 붙여 부른다.

106 에피쿠로스는 이제 우주에 있는 무한한 여러 세계의 생성, 소멸, 형태, 내용물에 대한 고찰로 넘어간다. 이 주제는 『피토클레스에게 보낸 서신』(〔88〕 이하)에서도 다시 다루어지고, 루크레티우스의 『사물의 본성에 대해』 제5권에서는 보다 자세하게 다루어진다.

는 지구를 떠받치고 있는 것은 공기라고 말한다.〕

74 우리는 이 세계들이 필연적으로 하나의 형태로 생성된 것도 아니고, 온갖 형태로 생성된 것도 아니라고 생각해야 한다. 〔『자연학』 제12권에서, 세계들의 형태는 서로 달라서 공처럼 둥근 것도 있고 타원형도 있으며, 그 밖의 여러 형태로 되어 있다고 말한다. 하지만 온갖 형태의 세계가 존재하는 것은 아니다. 또한, 세계들은 무한한 것에서 떨어져나온 생명체인 것도 아니다.〕 또한, 우리는 모든 세계에 동물과 식물을 비롯해 우리가 이 세계에서 보는 그 밖의 다른 것이 존재한다고 생각해야 한다. 어떤 종류의 세계에는 동물과 식물을 비롯해 우리가 이 세계에서 보는 것과 다른 것을 만들어내는 씨앗이 존재할 수 있는데, 거기에 그런 씨앗들이 존재하지 않는다는 것을 아무도 증명하지 못하기 때문이다. 〔그리고 이것은 한 세계에서 그런 것이 생겨난 후에 계속 성장해갈 수 있느냐 하는 것에도 적용된다. 따라서 우리는 이런 일이 지구에서도 일어나고 있다고 생각해야 한다.〕

75 또한, 우리는 인간이 주어진 환경에 따라 강제되어 본성에 근거해 실제로 경험하면서 온갖 많은 것을 배웠고,[107] 그런 후에는 그렇게 받아들인 것을 이성을 통해 발전시켜가면서 새로운 것을 발견해왔는데, 어떤 것에서는 더 빨리, 어떤 것에서는 더 느리게 발전시켰고, 어떤 시기에서는 더 큰 진보를 이루었고, 어떤 시기에서

---

107 〔75〕와 〔76〕에서는 먼저 인간 문명의 발전을 다루고, 그다음으로는 언어의 기원에 대해 말한다. 여기에서 인간은 주변 환경으로 어쩔 수 없이 어떤 일을 해나가야 했거나 자연을 보고 배웠고, 그런 후에는 의도적인 성찰을 통해 개선하고 발전시켰다고 말한다. 루크레티우스는 이 주제를 아주 길게 많은 예를 들어 자세하게 설명하는데(v 925-1457), 예컨대 인간은 번개를 보고 불의 사용을 배웠고(1091-1104), 해를 보고 금속을 녹여 주조하는 것을 배웠다(1241-1280)고 말한다.

는 더딘 진보를 이루었다고 생각해야 한다.

따라서 물체의 이름도 처음에는 서로 간의 약속에 따라 붙여진 것이 아니라, 각자가 속한 서로 다른 부족에 따라 특유한 느낌과 지각을 지닌 사람들이 각 부족의 거처한 서로 다른 지역에서 만들어진 차이가 반영된 각각의 느낌과 지각을 따라, 본성에 근거해 낸 소리가 공기 속으로 방출되어 형성된 것이라고 본다.

그러다가 나중에는 서로의 의사 전달을 덜 모호하게 하고 좀 더 76
간략한 방식으로 하고자 각 부족마다 공동 합의를 통해 사물들에 특정한 이름을 붙이게 되었다. 그리고 종종 지금까지 알려지지 않은 것을 알게 된 사람들은 그것의 본성에 따라 필연적으로, 또는 그것을 생성해내는 가장 중요한 원인에 비추어 유추하고 추론해, 그것의 의미를 명확하게 해주는 이름을 선택해 소개해왔다.

우리는 완전한 축복과 불멸을 누리는 어떤 존재가 천체들의 운 77
동, 북회귀선과 남회귀선, 천체가 뜨고 지는 것을 비롯한 유사한 현상들을 이제까지도 정하고 주관했으며, 지금도 그렇게 하고 있다고 생각해서는 안 된다.[108] 힘들여 일하는 것과 노심초사하는 것, 분노하는 것과 호의 베푸는 것은 불멸의 존재와는 어울리지 않고, 약함과 두려움이 있고 이웃을 필요로 하는 곳에서 생기기 때문이다.

또한, 우리는 불이 덩어리로 모여 구체를 이루고 활활 타오르

---

108 "북회귀선과 남회귀선"은 북반부 관점에서 보면 태양이 춘분에 적도에서 시작하여 점점 북쪽으로 이동해가다가 하지에 북회귀선에 도달한 후 다시 방향을 남으로 돌려 추분에 적도를 통과해 동지에 남회귀선까지 갔다가 다시 방향을 바꾸어 적도를 향해 올라오는 운동이다. 고대 그리스 사람들은 신화론적 사고에 젖어 이 모든 천체 운동과 현상을 신이 주관한다고 믿었다. 하지만 에피쿠로스는 "완전한 축복"과 "불멸"이라는 본성을 지닌 신들은 이런 일들과 어울리지 않는다고 말한다.

는 천체들이 완전한 축복을 받아, 자기 뜻을 따라 스스로 그러한 운동을 하는 것이라고 생각해도 안 된다. 우리는 완전한 축복이나 불멸 같은 개념들을 지닌 표현들을 사용할 때는 그런 표현들이 지닌 위엄을 고수해서, 그 위엄과 반대되는 생각들이 생기지 않게 해야 한다. 그렇게 하지 않았을 때 그런 표현들이 지닌 위엄과 그 반대되는 생각들 간의 불일치는 사람들의 정신에 극심한 혼란을 불러일으킨다.[109] 따라서 우리는 처음에 원자들이 결합해 덩어리를 이루어 세계가 생겨났을 때 이 천체 운동도 함께 생겨나 천체들이 계속해서 회전하는 법칙이 생겼다고 생각해야 한다.

78 우리는 가장 중요한 것들의 원인을 정확히 알아내는 것이 자연학의 과제이고, 행복은 천체 현상을 알고 거기에 비추어 천체의 본질을 알며, 이것을 정확하게 아는 데 필요한 그 밖의 다른 것을 아는 데 있다고 생각해야 한다. 또한, 우리는 천체 현상들과 관련해 원인이 여러 가지일 수도 있고 다르게 일어날 수도 있지만,[110] 의심이나 혼란을 불러일으키는 것은 어떤 것도 본성적인 불멸이나 완전한 축복에 절대로 포함될 수 없다는 것도 알아야 한다. 그리고 우리 지성은 이것이 절대적으로 사실임을 안다.

79 그러나 천체의 뜨고 짐, 일식과 월식, 그 유사한 현상 같은 개별적이고 세부적 탐구에 몰두하는 일은 지식이 가져다주는 행복과 관련해 어떤 가치도 없다. 도리어 어떤 사람이 모든 세부적인 것

---

109 에피쿠로스는 신들이 천체 현상들을 주관한다는 첫 번째 거짓된 설명을 반박한 후, 여기서는 천체들을 신들로 숭배하는 두 번째 거짓된 설명을 반박하면서, 이러한 설명들이 따랐을 때 정신 또는 마음에서 극심한 "혼란"(τάραχος, '타라코스')이 나타날 수 있다고 한다. '타라코스'는 에피쿠로스 철학의 목표인 "평정심"(αταραξία, '아타락시아')의 반대로, 마음과 정신에 문제가 생겨 질서가 파괴되고 혼란에 빠져 있는 상태를 가리킨다.

에 대해서는 잘 알지만, 천체의 본질이 무엇이고, 천체 현상을 주관하는 원인이 무엇인지를 알지 못한다면, 그 사람은 이 현상에 대해 아무것도 알지 못하는 사람만큼이나 두려움을 느끼게 된다. 아니, 사실 그 사람이 느끼는 두려움이 더 클 수도 있다. 천체 현상들을 알고서 깜짝 놀랐는데도 그 천체 현상을 무엇이 주관하는지 몰라서 그 놀람을 해소할 수 없기 때문이다. 따라서 우리가 세부적인 것에 관한 탐구에서 이미 했듯[111] 북회귀선과 남회귀선, 천체들이 뜨고 지는 것, 일식과 월식, 그 유사한 현상이 일어나는 여러 원인을 발견했는데도, 이 지식으로 우리가 평정심과 행복에 도달하지 80
못하는 것은 이 현상을 충분히 정확하게 탐구하지 못했기 때문이라고 생각해서는 안 된다.

천체 현상들의 원인과 감각으로는 인지할 수 없는 모든 것의 원인을 탐구할 때, 우리는 그 유사한 현상이 주변에서 어떤 방식으로 일어나는지를 살펴보아야 한다. 그리고 멀리서만 볼 수 있는 것이 오직 한 가지 방식으로만 존재하거나 생성되는지 아니면 여러 방식으로 일어나는 것인지에 무지하고, 게다가 평정심이 어떤 상황에서 가능하고 어떤 상황에서 불가능한지를 알지 못하는 자들

---

110 에피쿠로스는 어떤 특정한 천체 현상을 설명할 때, 유추에 근거해 우리 경험에 비추어 가능성 있는 여러 원인을 동시에 나열하는 방법을 사용하는데, 이것은 천체 현상의 본질을 알아 두려움을 제거하는 것이 목적이고, 정확한 원인을 알아내는 것은 그 목적이 아니기 때문이다. 사실 천체 현상들은 너무 먼 곳에서 일어나므로, 감각에 근거한 직접적인 관찰에 근거해서는 알 수 없고, 우리 주변에서 일어나는 현상에 비춘 유추를 통해 알 수밖에 없어서 이런 문제가 생긴다.

111 에피쿠로스는 『피토클레에스에게 보낸 서신』에서 이미 개별적이고 세부적인 천체 현상에 관한 탐구 개요를 제시한 바 있다. 따라서 이 서신을 읽는 사람들은 그 내용에 대해 잘 알고 있었을 것이다.

을 무시해야 한다. 어떤 현상이 여러 방식으로 일어날 수 있음을 알고, 그 여러 방식들이 구체적으로 어떤 것인지를 알고 있어서 그 구체적인 상황 속에서 그 현상이 일어날 가능성이 크다는 것을 안다면 우리는 평정심을 얻을 수 있다.

81 앞에서 말한 모든 것 외에도,[112] 마음에서 가장 큰 혼란과 괴로움이 생기는 이유는 사람들이 합리적인 사고에 근거해서가 아니라 어떤 비이성적인 사고 속에서 천체들이 축복받은 불멸의 존재라고 믿으면서도, 그런 천체들이 불멸의 존재에 어울리지 않게 반대되는 의지와 행위와 동기를 지니고 있다고 믿고, 신화 또는 죽어서 감각이 없어지는 것(마치 그들과 무슨 상관이 있다는 듯)에 대한 두려움으로 이 천체들이 영원한 재앙을 줄 것을 예상하거나 상상하기 때문임을 알아야 한다. 따라서 그런 예상이나 상상에서 생기는 두려움을 제어하지 못한다면, 그들은 이런 천체 현상에 대해 막연한 생각을 가진 사람과 동일하거나 더 큰 혼란과 괴로움을 겪는다. 반면에 평정심이 있으면 보편적이고 가장 중요한 원리들을 확고하게 기억함으로써 이 모든 것에서 벗어날 수 있다.

82 따라서 우리는 인류 보편적인 것이든 개인적인 것이든, 내적 느낌과 외적 감각을 비롯해 참인지 거짓인지를 판단하는 각각의 분명한 기준에 주목해야 한다. 이것을 주목한다면, 우리는 정신과 마음에 혼란과 괴로움과 두려움을 일으키는 것이 어디서 오는지를 제대로 추적할 수 있고, 천체 현상을 비롯해 종종 인류 전체에 극

---

112 에피쿠로스는 천체 현상들에 관한 긴 논의를 마치고, 여기서 다시 실천적이고 도덕적인 결론으로 되돌아와, 사람들이 인생의 목적인 '아타락시아'(평정심)의 반대인 "혼란과 괴로움"('타라코스')을 겪는 두 가지 이유는 천체들이 신적인 존재들이라고 믿는 것과 죽음에 대한 두려움이라고 말한다.

심한 두려움을 불러일으키는 그 밖의 다른 모든 현상의 원인을 밝혀내 사람들을 그런 혼란과 괴로움과 두려움에서 벗어나게 할 수 있기 때문이다.

헤로도토스여, 이것들이 자연학 전체의 주요 원리를 요약한 것
이다. 따라서 이 글을 정확하게 이해해서 활용하는 사람은 철학 체 83
계 전체의 개별적이고 세부적인 것을 전부 알지는 못하더라도 남
과는 비교할 수 없을 정도로 큰 힘이 생길 것이다. 이 글에 요약된
원리들을 암기한 사람은 이들의 도움을 받아, 내가 정확하게 써놓
은 철학 체계 전반에 걸친 많은 개별적이고 세부적인 것을 스스로
분명하게 깨우치게 될 것이기 때문이다.

우리 철학 체계 전반의 세부적인 것에 대해 상당한 수준까지, 또는 완벽하게 깨우친 사람들도 자신이 아는 것을 이런 식으로 주요 원리를 중심으로 요약해놓으면 세부적인 것에 대해 더 잘 알게 된다. 반면에 아직 우리 철학 체계 전반을 명확하게 깨우치지 못한 사람들은 평정심[113]을 얻는 데 가장 중요한 원리들을 훑어보고 알게 될 것이다.

이상은 에피쿠로스가 자연학에 관해 쓴 서신이다. 다음으로 우리가 볼 것은 천체 현상에 관한 그의 서신이다.

---

113 에피쿠로스는 "평정심"을 지칭하며 보통 '아타락시아'를 사용하지만, 여기서는 '갈레니스모스'(γαληνισμός)라는 단어를 사용했다. '갈레니스모스'는 "고요하게 하는 것"을 뜻한다. 그는 자연학 원리들에 대한 지식은 평정심을 얻는 데 가장 큰 역할을 한다고 강조한다.

Epicurus: The Extant Remains

03

피토클레스에게 보낸 서신

에피쿠로스가 피토클레스에게 문안을 전한다.

클레온이 너의 서신을 내게 가져다주었는데, 그 서신에서 너는 84
내가 받게 된 큰 관심에 걸맞은 애정과 호의를 드러내면서, 행복한 삶으로 이끌어줄 논변을 기억하기 위해 애쓰는 모습을 보여주었고, 실제로 그러한 노력은 어느 정도 성공을 거두었다. 그리고 너는 천체 현상을 간결하고 명확하게 요약한 논변을 보내줄 것을 내게 요청하면서, 이 주제에 관해 쓴 다른 책들을 네가 항상 지니고 다니지만 기억하기가 어려우니 쉽게 기억할 수 있도록 요약해줄 것을 청한다고 내게 말했다. 그래서 요청대로 했을 때 떠오르는 즐거운 기대감이 있었기에 나는 기쁜 마음으로 수락할 수밖에 없었다.

이제 나는 다른 모든 저작을 다 썼기 때문에, 네가 요청한 것을 85
하려고 한다. 그러한 논변은 너 외에도 다른 많은 사람, 특히 최근에 자연에 관한 진정한 탐구에서 나오는 맛을 본 사람들 그리고 일상적인 생업에 깊이 빠져 있어 시간 여유가 없는 사람들에게 유익할 것이기 때문이다. 그러니 너는 내가 헤로도토스에게 간단하게 요약해 보낸 글에 나오는 나머지 내용과 함께 이 글에 나오는 것을 하나하나 익히고 철저하게 기억해야 한다.

먼저는, 천체 현상을 다른 분야와 결합해 함께 다루든 독립적으로 다루든 천체 현상들에 대한 지식을 구하는 목적은 오직 평정심과 확고한 신념[114]에 있고, 그 밖의 다른 목적이 있다고 생각해서는 안 된다. 이것은 다른 모든 분야에서도 마찬가지다.

86 천체 현상을 다룰 때 우리는 설명이라고 할 수 없는 것을 억지로 갖다 붙여 어떤 현상을 설명하려고 해서는 안 되고, 인간의 삶에 관한 여러 이론이나 그 밖의 다른 자연 현상과 관련된 문제[115]를 설명하는 데 사용한 것과 같은 탐구 방식을 써서도 안 된다. 예컨대 "우주는 물체들과, 감각으로 인지할 수 없는 성질의 것[116]으로 이루어져 있다"라거나 "원소들은 나눌 수 없다"라는 명제같이 현상과 일치하는 설명이 오직 하나밖에 없는, 그런 모든 것을 탐구할 때 사용하는 방식을 천체 현상에 적용해서는 안 된다는 말이다. 이와는 달리 어떤 천체 현상이 발생하는 원인은 여러 가지여서, 그 현상에 대한 설명이 우리 감각에 근거한 인지와 일치하는 경우는 여럿이기 때문이다.

---

114 원문은 '아타락시안 카이 피스틴 베바이온'(ἀταραξίαν καὶ πίστιν βέβαιον)이다. 여기서 '베바이오스'(βέβαιος)는 두 발로 견고하게 서 있는 것을 뜻하므로, 의역하면 "평정심과 확고한 신념"이 된다. 즉, 참된 지식을 토대로 흔들림 없는 신념을 소유함으로써 평정심에 이르는 것을 뜻한다. 지식은 두려움과 의심과 불안을 제거하는 것이 목적이므로, 지식 자체가 목적이 되어서는 안 된다.

115 "설명이라고 할 수 없는 것"은 어떤 편견에 근거한 설명, 감각에 의한 증거와 부합하지 않는 설명을 의미한다. "인간의 삶에 관한 여러 이론"은 윤리학을 가리킨다. "그 밖의 다른 자연 현상과 관련된 문제"는 지구 위, 우리 주변에서 생기는 문제들, 우주의 궁극적 구성에 관한 불확실한 것에 대한 문제로, 이런 문제에 대한 올바른 설명은 오직 하나뿐이다.

116 "감각으로 인지할 수 없는 성질의 것"은 비물질적인 것인 허공을 가리킨다. 혼이나 속성이나 신은 비물질적 존재가 아니고, 따라서 "감각으로 인지할 수 없는 성질의 것"도 아니다. "원소들"(στοιχεῖον, '스토이케이온')은 일렬로 배열된 것이라는 뜻으로, 가장 기본적인 구성요소를 가리킨다.

자연학을 탐구할 때는 근거 없는 전제들과 미리 정해놓은 법칙 87
들[117]을 따르는 것이 아니라, 현상들이 소리치는 것을 따라야 한
다. 우리는 소란 없는 삶[118]을 살아야 하고, 그렇게 하려면 인간의
삶에 비이성적인 것과 근거 없는 생각을 비워내야 하기 때문이다.
여러 방식으로 설명될 수 있는 것 각각을 현상과 일치하는 방식으
로 개연성 있는 이론을 사용해 설명하고, 우리가 그 설명을 받아들
이기만 하면(우리는 당연히 그래야 한다) 모든 소란은 잠잠해진다. 하
지만 현상들과 일치하는 여러 이론 중 어떤 것은 받아들이고 어떤
것은 거부한다면, 자연학에 관한 탐구에서 완전히 이탈해 신화로
다시 돌아가게 될 것이 분명하다.

천체에서 일어나는 일을 설명해줄 단서들은 주변에서 일어나
는 현상들 속에 있다. 천체에서 일어나는 현상을 우리는 볼 수 없
지만, 주변에서 일어나는 것은 볼 수 있다. 천체 현상은 여러 원
인으로 생긴다. 하지만 우리는 각각의 천체 현상이 우리 감각에 88
제시한 것을 고수하면서도 이렇게 인지된 것과 부합하는 모든 설
명 중에서 우리가 경험한 것으로 반증되지 않는 여러 설명을 찾
아내야 한다.

별들과 지구를 포함하고 있고 모든 천체 현상이 일어나는 무대

---

117 "근거 없는 전제들"로 번역한 '악시오마타 케나'(ἀξιώματα κενὰ)는 직역하면 "공허한 공리들"이라는 뜻으로, 아무런 근거도 없이 참이라고 생각하고 전제한 것을 가리킨다. "미리 정해놓은 법칙들"로 번역한 '노모테시아'(νομοθεσία)는 직역하면 법을 제정한다는 뜻으로, 자연학을 하면서 자기가 따라야 할 법칙들을 미리 정해놓는 것을 가리킨다.

118 "소란 없는"(ἀθόρυβος, '아토뤼보스') 삶은 정신과 마음속에서 온갖 두려움과 의심과 불안이 용솟음치는 삶의 정반대의 의미로, 평정심으로 살아가는 것을 말한다.

인 우리 세계[119]는 하늘의 일부이자 무한한 우주 중에서 하나의 잘린 부분으로 경계를 갖고 있는데, 이 경계가 해체되면 그 안에 있는 모든 것은 혼란에 빠진다. 이 경계는 성기게 되어 있을 수도 있고 촘촘하게 되어 있을 수도 있으며, 회전 운동을 할 수도 있고 정지된 것일 수도 있으며, 경계의 형태는 원형일 수도 세모꼴일 수도 있으며 그 밖의 다른 온갖 모습일 수도 있다. 이 모두가 가능한 것은 우리가 이 세계의 경계까지 가서 직접 볼 수 없는 상황에서 이 모든 설명 중 어느 것도 세계에서 감각으로 인지하는 것으로 반증되지 않기 때문이다.

89 우리는 이런 세계가 무한히 많이 존재한다는 것을 안다. 이런 세계는 한 세계 안이나 세계들 사이에 어느 정도 비어 있는 상당한 크기의 공간이 있는 경우 그곳에서 생성될 수 있지만, 그 공간은 누군가의 주장과는 달리 완전히 비어 있는 거대한 공간은 아니다.[120]

---

119 앞에서 에피쿠로스는 "하늘"(οὐρανός, '우라노스'), 즉 우주('토 판')에는 무한한 수의 "세계들"(κόσμος, '코스모스')이 존재한다고 말했는데, 여기서는 그 세계를 정의한다. 즉, 그는 우리 세계는 태양과 달과 지구, 여러 행성으로 이루어져 있고 "경계"(πέρας, '페라스')가 있는 하나의 체계다. 이 세계의 중심은 지구이고, 태양과 달과 행성들과 별들이 지구를 중심으로 궤도를 따라 돌고 있다. 우리 세계에 대한 에피쿠로스의 인식은 이전의 모든 자연철학자의 인식과 동일했지만, 에피쿠로스는 이런 세계가 무한히 많이 존재한다고 믿었다는 점에서 그들과 달랐다. 이러한 "세계" 개념은 오늘날 우리가 은하계, 태양계라고 하는 것과 비슷하다.

120 우주의 공간, 즉 허공 속에는 무한히 많은 세계가 존재하므로, 완전히 비어 있는 "거대한 공간"은 존재하지 않지만, 한 세계 안이나 세계들 사이에 상당히 큰 공간이 존재할 수 있다. 에피쿠로스는 신들의 거처가 "세계들 사이에" 있다고 생각했다. 원자론의 창시자이자 데모크리토스의 스승이었던 레우키포스(기원전 5세기)는 "[우주에는] 순수한 허공으로 이루어진 거대한 공간"이 존재한다고 믿었다.

한 세계를 생성해내는 데 적합한 씨앗이 될 만한 입자들이 한 세계나 두 세계 사이, 또는 여러 세계 사이에서 흘러나와, 점진적인 결합, 분화, 다른 장소로의 위치 이동[121]을 통해 적합한 입자들을 지속적으로 공급해 다른 입자들을 받아들일 수 있는 안정된 토대를 마련했을 때, 한 세계가 생성된다. 어떤 사람들이 생각하는 90
것과는 달리, 빈 공간 속에 원자들의 응집이나 소용돌이만 있으면[122] 하나의 세계가 필연적으로 생겨나, 다른 세계와 충돌할 때까지 계속 성장해가는 것이 아니기 때문이다. 그렇게 생각하는 사람들의 그러한 주장은 우리가 보는 현상들과 모순된다.

해와 달과 그 밖의 다른 별들은 처음부터 현재 모습으로 독자적으로 생성된 후 나중에 우리 세계에 편입된 것이 아니라, 처음부터 이 세계 안에서 생성된 후 바람이나 불 또는 둘 모두의 성질을 지닌 입자들[123]로 이루어진 것의 이합집산과 소용돌이를 통해 점점 커진 것이다. 이것은 우리 감각이 인지하는 것과 일치한다.

해와 달과 그 밖의 다른 별들의 크기는 우리에게 보이는 그대 91
로의 크기다. 〔에피쿠로스는 『자연학』 제11권에서 이렇게 말한다. 만일 거

---

121 원문에는 "입자들"이라는 말은 없는데, 특정하게 배열된 원자들의 덩어리라는 의미로 사용했다. "결합"으로 번역한 '프로스테시스'(πρόσθεσις)는 "앞에 놓는다"라는 뜻으로, 물체를 만들어내는 원자들이 모여들고 서로 더해져 결합한다는 것이다. "분화"로 번역한 '디아르트로시스'(διάρθρωσις)는 "정교화되고 분화된다"라는 뜻으로 각각의 원자들이 자신의 역할을 따라 분화되는 것이다. "위치 이동"(μετάστασις, '메타스타시스')은 불의 원자들이 하늘로 가서 천체들과 천상의 대기를 형성하는 것처럼 각각의 원자들이 자신에게 적합한 위치를 찾아가는 것을 의미한다.

122 레우키포스는 허공에서 원자들의 "응집"(ἀθροισμός, '아트로이스모스')만 있으면 세계가 생긴다고 말했다. 데모크리토스는 원자들의 "소용돌이"(δῖνος, '디노스')만 있으면 자동으로 세계가 생긴다고 말했다.

리 때문에 크기가 줄어든 것이라면, 밝기는 더욱더 줄어들었어야 한다. 거리에 비례해 크기가 줄어들었다고 말하는 것보다 거리에 비례해 밝기가 줄어들었다고 말하는 것이 더 적절하기 때문이다.] 하지만 사실 이것은 우리 눈에 보이는 것보다 조금 클 수도 있고, 조금 작을 수도 있으며, 정확히 같을 수도 있다. 지구에서 불을 멀리서 보면 우리 감각에 그렇게 보이기 때문이다. 그리고 내가 자연에 관해 쓴 책들에서 제시한 분명한 것[124]을 주목하는 사람은 누구든지 해와 달과 그 밖의 다른 별들의 크기에 관한 모든 반론을 쉽게 분쇄하게 될 것이다.

92 해와 달과 그 밖의 다른 별들이 뜨고 지는 것은 불이 켜지는 것과 불이 꺼지는 것에 따르는데, 이 천체들이 뜨는 곳과 지는 곳에서는 이 각각의 결과를 일으키는 환경이 조성되기 때문이다.[125] 우리가 아는 현상들에서는 이것을 반증하는 것이 아무것도 없다. 또

---

123 바람이나 불은 특정하게 배열된 원자들의 덩어리이므로, 바람의 원자라든지 불의 원자라고 말하지 않고, 원자들의 덩어리인 "입자들"이라는 표현이 사용된다. 에피쿠로스는 앞에서는 한 세계를 생성하는 "핵"이 어떻게 만들어지는지를 입자들의 "결합, 분화, 위치 이동"으로 설명한 후에, 여기에서는 천체들의 생성이 "이합집산"(πρόσκρισις, '프로스크리시스')과 "소용돌이"를 통해 만들어진다고 말한다. '프로스크리시스'는 특정한 성질을 지닌 입자들(원자 덩어리들)이 이질적인 혼돈의 물체들 속에서 분리되어 서로 결합하기 쉬운 동질적인 입자들과 결합하는 것을 가리키는데, 이는 아낙사고라스가 사용한 용어다.

124 "분명한 것"(ἐνάργημα, '에나르게마')은 감각에 의해 직접 인지된 것으로, 모든 판단의 토대가 되는 가장 확실하고 분명한 것이다. '에나르게마'라는 용어는 에피쿠로스에게 모든 것의 토대로서 아주 중요하다.

125 천체들이 뜨고 지는 것의 원인은 두 가지로 설명된다. 그중 하나는 불덩어리인 천체들이 뜨는 곳에서는 불이 붙은 채 떠올랐다가 지는 곳에서는 불이 꺼진다는 것으로, 만물의 근원은 불이라고 주장한 헤라클레이토스(기원전 약 540~480년)의 설명이다. 에피쿠로스는 의도적으로 헤라클레이토스가 사용한 "불이 켜지는 것"(ἄναψις, '아납시스')과 "불이 꺼지는 것"(σβέσις, '스베시스')이라는 용어들을 그대로 가져와 사용한다.

는 이 천체들이 뜨고 지는 것은 지구 위로 나타났다가, 다시 지구가 앞에서 그 천체들을 가리기[126] 때문일 수도 있다. 우리가 아는 현상들에서는 이것을 반증하는 것이 아무것도 없다.

천체들의 운동은 하늘 전체가 회전하기 때문일 수도 있고, 하늘은 정지해 있는데 세계가 생성될 때 처음부터 생겨난 어떤 필연적인 힘 때문에 이 천체들만 동쪽으로 회전하는 것일 수도 있
다.[127]…… 언제나 자신과 가까운 곳으로 계속 확산해나가는 불의 93
성질에 따라 생기는 극도의 열기에 의해…….[128]

---

126 천체들이 뜨고 지는 두 번째 설명은 천체들이 지구 위로 떠올랐다가 다시 지구 아래로 가라앉는다는 것이다. 고대 그리스 철학자들은 지구가 구형이 아니라 육면체라고 생각했다. 그래서 천체들이 밤에는 지구 아래로 들어가 운행하다가 낮이 되면 지구 위로 떠오른다고 생각했다. 이 서신은 천체 현상의 원인에 대한 간략한 설명이므로, 에피쿠로스는 축약된 용어들을 사용해 설명한다. 여기서는 (지구 위로) 출현(ἐκφάνεια, '에크파네이아')과 엄폐(ἐπιπροσθέτησις, '에피프로스테테시스')라는 용어를 사용하는데, '엄폐'는 천체들이 지구 뒤에 위치하여 가려지는 것을 가리킨다.

127 "천체들의 운동"은 자전 운동과 공전 운동을 포함한다. 하늘 전체가 회전한다는 것은 만물의 근원을 공기라고 생각한 아낙시메네스(기원전 약 585-525년)의 설명으로, 그는 이 운동은 수직적인 것이 아니라 수평적인 것이라고 믿었다. 천체들만 회전한다는 것은 데모크리토스의 설명이다. 이 문장 뒤에 멸실된 부분은 루크레티우스의 글에 나오는 밀접하게 병행되는 내용을 통해 복원할 수 있다. 이 대목에서 루크레티우스는, 천체들은 우리 눈에 보이는 것과 반대 방향으로 회전하고, 지구와 가까운 천체일수록 운동 속도가 느리다고 말한다.

128 여기에서 멸실된 내용과 병행되는 내용도 루크레티우스의 글에 나오는데, 거기에서 그는 천체들의 회전 운동을 일으키는 다른 두 가지 원인에 대해 말한다. 하나는 천체 내부의 불이고, 다른 하나는 외부 공기의 흐름이다. 전자는 그리스 최초의 철학자이자 최초의 유물론 학파인 밀레토스 학파의 시조 탈레스(기원전 624-545년)의 제자 아낙시만드로스(기원전 610-546년)의 설명이고, 후자는 아낙사고라스(기원전 약 500-428년)의 설명이다. 그런 후에 여기 나오는 단편적으로 남아 있는 다섯 번째 설명이 나온다. 루크레티우스는 여기서 천체들은 자신들이 "연료"를 발견할 수 있는 곳, 즉 불덩어리들인 천체들이 본성적으로 끌리는 물질들이 있는 곳으로 계속 이동해간다고 말한다.

해와 달에 북회귀선과 남회귀선이 존재하는 것은 하늘이 기울어져 있어 이 천체들이 특정 계절이 되면 그 회귀선들로 돌아가지 않을 수 없기 때문일 수 있다.[129] 또는 공기 저항 때문일 수도 있고, 불이 붙는 물질이 회귀선을 따라서는 연속적으로 있는 반면 다른 곳에는 없기 때문일 수도 있으며, 이 천체들은 처음부터 그런 식의 회전 운동을 하도록 되어 있기 때문일 수도 있다.[130]

우리가 언제나 천문학자들의 노예적이고 인위적인 설명들을 두려워하지 않고 이 분야에서 가능한 설명들을 가져와서 각각의 설명이 현상들과 일치하는지를 살펴본다면, 앞에서 말한 모든 설명과 그 비슷한 설명은 어떤 분명한 것과도 불일치하지 않는다.[131]

94 달이 기울었다가 다시 차는 것은 달이 회전하기 때문일 수도 있고,[132] 대기 환경 때문일 수도 있으며,[133] 다른 천체가 달을 가리기 때문일 수도 있다.[134] 요컨대 달이 보여주는 그러한 모습들은 우리

---

129 이 첫 번째 설명은 앞에서 하늘 전체가 회전하는 경우에 대응되는 것으로, 만물의 근원은 사원소(물, 공기, 불, 흙)라고 한 엠페도클레스(기원전 약 490-430년)의 이론이다.

130 공기의 저항 때문이라는 두 번째 설명은 천체들만 회전한다는 앞의 설명에 대응되는 것으로, 아낙사고라스의 이론이고, 불의 연료 때문이라는 세 번째 설명은 헤라클레이토스의 이론일 가능성이 크다. 처음부터 나선형의 회전 운동을 하게 되어 있었다는 네 번째 설명은 데모크리토스의 이론이다.

131 천체 현상에 대해 열린 마음으로 주변 현상들 및 우리 경험과 일치하는 모든 가능한 설명을 수용하려 하지 않고, 자신이 생각하는 오직 하나의 원인과 설명만을 고집하려 하는 천문학자들의 태도를 이렇게 표현했다. "분명한 것"(ἐνάργημα, '에나르게마')은 감각에 의해 직접 인지된 것으로, 모든 판단의 토대가 되는 가장 확실하고 분명한 것을 가리킨다.

132 루크레티우스의 글에 의하면, 공 모양으로 생긴 달의 한쪽 면은 빛을 발산하지만 다른 쪽 면은 어둡기 때문에 달이 회전하면 달의 모양이 달라진다. 이것은 헤라클레이토스의 이론이다.

주변에서 일어나는 현상들로부터 유추할 수 있는 여러 방식으로 설명된다. 하지만 인간이 무엇을 관찰할 수 있고 무엇을 관찰할 수 없는지를 살펴보지도 않고, 관찰할 수 없는 것까지 관찰하려고 함으로써 어느 한 가지 설명에 매료되어 다른 설명을 모두 배척하는 잘못을 저질러서는 안 된다.

달의 빛은 달 자신에게서 생긴 것일 수도 있고, 해로부터 온 것
일 수도 있다.[135] 우리가 사는 지구에서도 어떤 것의 빛은 자신에 95
게서 생겼고, 어떤 것의 빛은 다른 것에서 온 것이기 때문이다. 우리가 언제나 분명한 증거와 일치하지 않는 것을 근거 없이 중시하여 이런저런 이유로 하나의 설명만을 고집하는 것이 아니라, 천체 현상은 여러 방식으로 설명할 수 있고, 각각의 설명을 밑받침해주는 근거와 원인들이 존재함을 기억하기만 한다면, 이렇게 천체 현상을 여러 방식으로 설명하는 것은 아무런 문제가 되지 않는다.

달 표면의 모습이 바뀌는 것은 달이 자신의 서로 다른 부분을 차례로 보여주기 때문일 수도 있고, 다른 천체가 달 앞에서 가리기 때문일 수도 있으며,[136] 우리가 주변에서 볼 수 있는 현상들과 일

---

133 이것은 불덩어리인 천체가 불의 연료를 따라 움직인다는 이론과 연결되어 있다. 즉, 달이 움직이는 궤도에 불 연료의 유무와 많고 적음에 따라 달의 모양이 바뀐다는 것이다. 이것은 파르메니데스(기원전 약 515~445년)와 함께 엘레아 학파의 시조로 여겨지는 크세노파네스(기원전 약 560~470년)의 이론이다.

134 다른 천체가 달의 일부 또는 전부를 가리기 때문이라는 설명은 아낙시메네스와 아낙사고라스의 이론이다.

135 "달 자신에게서 생긴 것"이라는 설명은 아낙시만드로스와 크세노파네스의 이론이고, "해로부터 온 것"이라는 설명은 탈레스, 엠페도클레스, 아낙사고라스의 이론이다.

136 전자는 아낙사고라스의 이론이고, 후자는 아낙시메네스의 이론이다.

96 치하는 여러 원인 때문일 수도 있다. 분명한 것을 거부한다면 진정한 평정심을 얻을 수 없으므로, 우리는 모든 천체 현상에서 이러한 탐구 방식을 포기해서는 안 된다.

일식과 월식이 일어나는 것은 해와 달의 불이 꺼지기 때문일 수 있고[137](우리는 지구에서도 그런 비슷한 일이 일어나는 것을 관찰한다) 지구 또는 우리 눈에 보이지 않는 어떤 다른 천체가 해나 달의 앞을 가리기 때문일 수도 있다.[138] 이렇게 우리는 서로 잘 들어맞는 여러 설명 방식을 함께 고려해야 하고, 여러 원인이 동시에 작용하는 일도 불가능하지 않음을 고려해야 한다. 〔에피쿠로스는 『자연학』 제12권에서 동일하게 말하고, 또한 달이 자기 그림자를 해에 드리울 때 일식이 일어나고, 지구가 자신의 그림자를 달에 드리울 때 월식이 일어난다는 말을 덧붙이며, 월식은 달이 뒤로 물러나기 때문일 수도 있다고 말한다. 디오게네스 라에르티오스는 자신의 『문집』 제1권에서 이 말을 인용했다.〕

97 천체들의 공전 운동[139]이 규칙적인 이유는 주변에서 일어나는 여러 일에서 볼 수 있는 회전 운동의 규칙성에서 유추해야 한다. 우리는 이것을 설명하기 위해 신적 존재를 끌어들여서는 안 되고, 신적 존재를 이런 일로부터 해방시켜 완전한 행복의 상태에 있게

---

137 앞에서 에피쿠로스는 천체들이 뜨고 지는 것이 "불이 켜지는 것"과 "불이 꺼지는 것" 때문일 수 있다고 말했는데, 여기에서는 이것이 일식과 월식의 이유 중 하나일 수 있다고 말한다. 이것은 크세노파네스의 이론일 가능성이 크다.

138 일식은 달이 지구와 해 사이에 끼어들기 때문이고, 월식은 지구가 해와 달 사이에 끼어들기 때문이라는 설명은 아낙사고라스의 이론이다.

139 여기에서 말하는 "천체들의 공전 운동"은 천체들이 주기적으로 일정한 궤도를 따라 움직이는 것을 가리킨다. 달의 공전 주기는 한 달이고, 해의 공전 주기는 일 년이다. 여기에서 "공전"으로 번역한 단어인 '페리오도스'(περίοδος)는 어떤 길을 한 바퀴 빙 도는 것을 가리킨다.

해야 한다. 그렇게 하지 않으면, 천체 현상의 원인에 관한 모든 탐구는 헛된 것이 되고 만다. 실제로 어떤 사람들은 여러 가능한 설명을 모두 받아들이는 탐구 방식을 고수하지 않고, 천체 현상은 오직 한 가지 방식으로만 설명된다고 생각해, 다른 모든 가능한 설명 방식을 배척하는 헛된 착각에 빠져, 지성으로 인식할 수 없는 영역으로 내몰려, 천체 현상을 설명하는 근거로 사용해야 할 주변 현상에 따라 천체 현상을 고찰할 수 없게 되었다.

밤과 낮의 길이가 달라지는 이유는 지구 위에서 해가 빠르게 운 98
동하다가 다시 느리게 운동하기 때문일 수도 있고,[140] 해를 만들어내는 데 필요한 불이 더 빨리 또는 더 느리게 모이기 때문일 수도 있다. 그리고 해의 운동 속도가 빠르거나 느린 이유는 해가 통과하는 지역들의 길이가 같지 않기 때문이거나, 어떤 지역은 더 빨리 어떤 지역은 더 느리게 통과하기 때문이다. 우리는 이런 일이 주변에서도 일어남을 관찰할 수 있고, 천체 현상에 대한 우리의 설명은 주변에서 일어나는 현상에 대한 설명과 일치해야 한다. 그런데도 어떤 사람들은 한 가지 방식으로 설명하는 것만 고집하면서 주변에서 일어나는 현상들과 천체 현상을 비교 유추해 설명하는 것을 거부하고, 인간이 그런 식으로 고찰하는 것이 가능한지도 묻지 않는다.

하늘에 나타나는 기후와 관련된 여러 징후들은 우리 주변에서

140 루크레티우스에 따르면, 밤과 낮의 길이가 달라지는 첫 번째 이유는 해의 운동 속도가 일정하지 않고 달라지기 때문인데, 그 이유는 해가 지구 위에 머무는 시간(낮)이 계절마다 다르기 때문이거나, 해가 통과하는 지역의 대기 밀도가 서로 다르기 때문이다. 두 번째는 불덩어리 천체인 해를 만들어내는 물질들이 모이는 속도가 서로 다르기 때문이다.

동물들이 보여주는 여러 징후들[141]과 마찬가지로 어떤 징후와 그 시기가 우연히 서로 일치하기 때문일 수도 있고, 대기의 변화 때문일 수도 있다. 이 두 가지 설명은 우리 주변에서 일어나는 현상들
99 에 대한 설명과 불일치하지 않는다. 하지만 어떤 경우에 전자가 원인이고 어떤 경우에 후자가 원인인지는 알 수 없다.

구름이 생기고 모이는 것은 바람의 압력으로 대기가 응축되기 때문일 수도 있고,[142] 구름을 생성하고 모으는 데 적합한 원자들이 서로 결합해 응집되기 때문일 수도 있으며,[143] 땅과 물로부터 습기를 머금은 입자들이 대기로 올라가 모이기 때문일 수도 있다.[144] 그 밖에도 구름이 생성되고 모이는 방식이 여럿 있다.

구름이 생성되고 모인 후에 구름으로부터 비가 만들어지는 것은 구름이 축적되면서 아래쪽 구름이 짓눌려 짜내지기 때문일 수도 있고, 햇빛을 받아 구름 상태가 변화되기 때문일 수도 있다.[145]
100 이때 바람이 적절한 방향에서 구름이 있는 곳으로 휘몰아친다면

---

141 "하늘에 나타나는 기후와 관련된 여러 징후들"은 천랑성이라 불리는 시리우스별이 나타나면 나일강이 범람하고 겨울이 시작되는 것, 붉은 일몰 그리고 달이 붉어지는 것 등을 가리키고, "동물들이 보여주는 여러 징후들"은 제비가 낮게 나는 것, 까마귀가 깍깍하고 울어대는 것 등을 가리킨다.

142 대기는 언제나 습기를 머금고 있다고 여겨지므로, 대기의 응축은 습기를 머금은 다량의 입자들을 응축시켜 구름을 만들어내게 된다.

143 습기를 형성할 수 있는 원자들이 모여 결합되고 응집되면 구름 핵이 만들어지고, 이 핵은 점점 자라 구름을 만들어낸다는 것이다. 루크레티우스는 이 과정을 자세하게 설명한다(vi. 451-458). 이것은 데모크리토스의 이론이다.

144 습기 입자들이 땅, 바다, 강 등에서 대기 속으로 줄줄이 올라가 구름을 만들어 낸다는 설명으로, 크세노파네스의 이론이다.

145 구름의 축적 때문이라는 설명은 아낙시메네스의 이론이다. 두 번째 설명은 구름이 햇빛을 받으면 고체 입자에서 액체 입자로 변화되어 비의 형태로 아래로 떨어진다는 것으로, 데모크리토스의 이론일 가능성이 크다.

비를 만들어내는 데 적합한 입자들이 응집되어 더 세찬 비가 만들어질 수 있다.

천둥이 생기는 이유는 바람이 구름 속 빈 공간에 갇히기 때문일 수도 있고(바람이 갇혀 있는 호리병에서 볼 수 있듯) 바람에 실려 불이 구름 속으로 들어가 타오르면서 소리를 내기 때문일 수도 있으며, 구름이 찢어지고 분리되기 때문일 수도 있고, 구름이 얼음처럼 응집되어 서로 부딪치고 파열하기 때문일 수도 있다. 다른 모든 천체 현상과 마찬가지로 이것도 우리에게 여러 방식으로 설명할 것을 요구한다.

마찬가지로 번개도 여러 원인으로 생긴다. 번개가 생기는 것은 101
구름이 서로 마찰하고 충돌하면서 불을 만들어내는 입자들이 구름으로부터 빠져나오기 때문일 수도 있고,[146] 바람이 섬광을 만들어내는 물체들을 구름으로부터 휘몰아나오기 때문일 수도 있으며,[147] 구름이 자체 내에서 압축되거나 바람에 의해 압축되어 삐져나오기 때문일 수도 있고,[148] 천체들로부터 나와 흩어져 있던 불이 구름 속에 갇혀 있다가 구름과 바람의 운동에 의해 구름 밖으로 배출되기 때문일 수도 있으며,[149] 가장 미세한 입자들로 이루어진 빛이 구름을 통과할 때 구름이 불붙게 되고 천둥이 발생할 수 있는데 이 빛의 운동 때문에 번개가 생길 수도 있고,[150] 바람이 구름 속에서

---

146 첫 번째 설명은 데모크리토스의 이론인데, 에피쿠로스는 데모크리토스가 사용한 용어인 "마찰"(παράτριψις, '파라트립시스')과 "충돌"(σύγκρουσις, '쉉크루시스')을 그대로 가져와 사용한다.

147 두 번째 설명은 아낙시만드로스의 이론이다.

148 세 번째 설명은 아낙사고라스의 이론이다.

149 네 번째 설명은 엠페도클레스의 이론이다.

맹렬하게 운동하면서 구름이 심하게 압축되어 불이 붙기 때문일 102 수도 있으며, 구름이 바람에 의해 찢어져 불을 만들어내는 원자들이 떨어져나오면서 번개의 모습으로 나타나는 것일 수도 있다.[151] 그리고 우리가 언제나 천체 현상에 집중해서 주변에서 일어나는 비슷한 현상과 비교하기만 한다면, 그 밖의 다른 여러 설명도 쉽게 찾아낼 수 있다.

구름이 앞에서 말한 것처럼 모이면, 번개가 천둥보다 먼저 발생한다. 바람이 구름을 덮침과 동시에 번개를 만들어내는 입자들이 구름으로부터 강제로 배출되고, 그런 후에 바람이 구름 속에서 휘몰아치면서 우르릉 쾅쾅하는 소리를 만들어내기 때문이다. 또는 번개와 천둥이 동시에 발생하지만, 번개가 우리를 향해 더 빠른 속 103 도로 운동하고, 그 뒤에 천둥이 우리에게 도달하기 때문이다. 이것은 누가 어떤 것을 부딪쳐 소리를 내는 것을 우리가 멀리서 관찰했을 때 목격하는 현상이다.[152]

벼락이 발생하는 것은 많은 바람이 구름 속에서 모이고 압축되어 불이 붙어 맹렬하게 타오르다가 그 일부가 떨어져나와 아래쪽으로 더 맹렬하게 방출되기 때문일 수도 있는데, 그 일부가 떨어져 나오는 이유는 구름이 압축되면서 구름이 있는 지역들이 차례로 밀도가 높아지기 때문이다. 또는 천둥이 만들어질 때와 마찬가지

---

150 다섯 번째 설명은 아낙사고라스의 이론이다. "가장 미세한 입자들"인 열이나 빛의 입자들은 아주 가볍고 미세해서 구름 입자들을 통과할 수 있다.

151 일곱 번째 설명은 데모크리토스의 이론이다.

152 루크레티우스는 벌목공이 도끼로 나무를 쳐서 쓰러뜨리는 것을 예로 든다. 이때 우리는 벌목공이 도끼로 나무를 치는 소리를 듣기 전에 먼저 도끼를 휘두르는 모습을 본다.

로 구름이 차례로 압축되면서, 구름 속에서 바람에 의해 아주 커지고 맹렬하게 타오르게 된 불이 구름 속에 있는 인근 지역들로 물러날 수 없어 구름을 뚫고 나오기 때문에 벼락이 발생하는 것일 수도 있다〔일반적으로 벼락이 많이 발생하는 높은 산 근방에서〕. 우리가 오직 104
신화를 배제한다면,[153] 벼락이 발생하는 그 밖의 다른 원인도 찾아낼 수 있다. 그리고 보이는 현상들을 잘 따라가면서 보이지 않는 것에 대한 증거를 얻는다면, 우리는 신화를 배제할 수 있게 된다.

태풍이 생기는 것은 구름 속에서 결집해 맹렬해진 바람에 의해 압축된 구름을 바깥쪽 바람이 사방에서 수평으로 밀어붙일 때 그 구름이 기둥 모양을 이루어 아래쪽으로 쇄도하기 때문일 수도 있고, 원 모양으로 소용돌이치는 바람을 안개가 위로부터 내리누르기 때문일 수도 있으며, 구름 속에서 거센 흐름을 형성한 많은 바람이 주변에 있는 압축된 공기를 뚫고 수평으로 지나갈 수 없기 때
문일 수도 있다. 태풍이 육지에 불면 바람의 움직임에 따라 온갖 105
회오리바람이 생기고, 태풍이 바다에 불면 바다 회오리가 생긴다.

지진이 발생하는 것은 바람이 땅속의 틈새들로 파고들어 균열을 일으켜 작은 덩어리들로 단층화된 땅이 지속해서 움직이기 때문인데, 이때 땅의 큰 흔들림이 생긴다. 이 경우에 바깥에 있는 바람이 땅속으로 들어갈 수도 있고, 땅의 기반이 무너질 때 지하 동굴들에 갇혀 있던 공기가 바람으로 변하기도 한다.[154] 또는 땅의 많은 기반이 무너져 생겨난 충격이 확산하다가, 이 최초 충격이 더

---

153 고대 그리스인은 신화에 따라 천둥은 신들이 인간을 벌하는 수단이라고 믿었다. 루크레티우스는 이 신화적인 설명을 반박하는 내용을 길게 전개한다(vi. 379-422).

106 단단하게 뭉친 땅 덩어리에 부딪혔어도 지진이 발생할 수 있다. 그 밖에도 지진을 발생시키는 다른 많은 원인이 있다. 종종 이물질이 지속해서 조금씩 땅속으로 유입되거나 땅속에 많은 양의 물[155]이 모일 때도 바람이 생기고, 약간의 바람이 땅의 많은 빈 공간 속으로 들어가 내부에 있는 바람들을 휘저어서 바람을 확산시킬 때도 다른 바람들이 생긴다.

우박이 생기는 것은 사방에서 모인 바람 입자들이 더욱 단단하게 응집되었다가 쪼개지기 때문일 수도 있고, 물 입자들을 결합하거나 쪼개서 여러 부분으로 동결시키거나 전체를 한 덩어리로 만들기도 하는 바람 입자에 의해 물 입자들이 적당히 응집됨과 동시에 쪼개지기 때문일 수도 있다.

107 우박의 모양이 둥근 것은 우박의 모든 모난 부분이 다 녹기 때문일 수도 있고, 누군가가 말했듯 우박이 만들어질 때 물 입자나 바람 입자들이 모든 곳에서 균일하게 들러붙기 때문일 수도 있다.

눈이 생기는 것은 조건에 맞는 구름이 바람에 의해 지속적이고 강력하게 응축되고, 구름 속에 적절한 크기의 구멍들이 존재할 때 미세한 물 입자들이 그 구멍들을 통해 구름을 빠져나와 내려오다가 구름 아래에 있는 혹독하게 추운 지역에서 응결되기 때문일 수도 있다.[156] 또는 습기를 머금은 균일한 밀도를 지닌 구름이 나란히 있으면서 서로 압박할 때 물 입자들이 응결되어 눈이 생길 수

---

154 외부 유입설은 아낙사고라스의 이론이고, 지하 동굴에 갇혀 있던 바람이라는 설은 아낙시메네스의 이론이다.

155 루크레티우스는, 아트나 화산 아래에 바다로부터 이어진 지하 수로들이 있어서 이렇게 유입된 물이 바람을 일으켜 지진을 일으키고 산이 불을 토해내게 한다고 말한다.

있는데, 봄에는 이 물 입자들이 응결되어 우박이 되는 경우가 아주 흔하다. 또는 응결된 구름이 서로 마찰을 일으킬 때 그 구름 입자 108
가 떨어져나와 서로 응집해 눈을 만들 수 있다. 그 밖에도 눈을 만드는 다른 원인은 많다.

이슬이 생기는 것은 이런 종류의 물기를 만드는 입자들이 대기 중에서 서로 만나기 때문일 수 있고, 습한 지역이나 물이 있는 지역(이슬은 이런 곳에서 가장 많이 만들어진다)에서 생긴 입자들이 대기 속으로 올라가 서로 만나 응집되어 물기를 생성한 후 아래쪽으로 다시 떨어지기 때문일 수도 있는데, 우리는 주변에서 이와 비슷한 일이 일어나는 것을 많이 관찰한다.

서리가 생기는 원인은 이슬이 생기는 원인과 다르지 않다. 이슬 109
을 만들어내는 입자들이 차가운 대기를 만나 그대로 응결되면 서리가 만들어진다.

얼음이 생기는 것은 물에서 둥근 입자들이 빠져나가고, 물에 있던 기존의 삼각형 모양을 비롯해 날카로운 각을 지닌 입자들이 응집되기 때문이거나 밖으로부터 물로 유입된 날카로운 각을 지닌 입자들이 많아지고 응집되어 물에 있던 기존의 둥근 입자를 몰아내기 때문일 수도 있다.[157]

무지개가 생기는 것은 해가 물기를 머금은 공기에 비치기 때문

---

156 이 설명은 아낙시메네스와 아낙사고라스의 이론에 따른 것이다.

157 얼음은 물에서 둥근 입자들이 빠져나가고 날카로운 각을 지닌 입자들이 응집될 때 생긴다고 에피쿠로스는 말한다. 이 과정이 순전히 물 내부에서 일어난다고 본 것은 데모크리토스의 이론일 가능성이 크고, 두 번째 설명인 외부 유입설은 "응집"이라고 말할 때 '프로스크리시스'(πρόσκρισις)라는 단어를 사용한 것으로 보아 아낙사고라스의 이론일 가능성이 높다.

이거나, 햇빛과 공기가 특정 방식으로 결합하기 때문일 수도 있다.[158] 후자의 경우 그러한 결합으로 무지개를 이루는 모든 색이 만들어지거나 한 가지 색만 만들어지는데, 이렇게 결합된 것이 주변 공기의 여러 부분에 비쳐 반사되면, 그 공기는 우리가 보는 무지개 색을 띤다.

110 무지개 형태가 둥근 것은 햇빛이 공기에 비쳐 반사되는 모든 부분을 우리 눈이 동일한 거리에서 보기 때문일 수도 있고, 공기 또는 구름 속에 있는 원자들과 해에서 나온 원자들이 이렇게 둥근 모양으로 결합하기 때문일 수도 있다.

달무리가 생기는 것은 달 주변 공기가 달에 접근하기 때문일 수도 있고, 달 주변의 공기가 달에서 유출되어 나오는 것을 균일하게 차단하면서, 그 유출된 것이 갈라진 곳이 전혀 없는 원형의 구름 모양으로 포진하기 때문일 수도 있으며, 달을 사방으로 균일하게 에워싸는 공기의 흐름이 차단되면서 두터운 층을 형성해 달을 감
111 싸기 때문일 수도 있다. 이렇게 두터운 층이 여러 곳에서 형성되는 이유는 그런 결과를 만들 수 있을 정도로 외부의 어떤 흐름이 달 주변 공기를 압박하거나, 열기가 달 주변 공기의 통로를 차단하기 때문이다.

혜성이 생기는 것은 대기 상층부에서 특정 조건이 형성되면서 불이 일정 기간 특정한 지역에 모이기 때문일 수도 있고, 우리 위에 있는 하늘이 일정한 시간 간격을 두고 특정하게 움직일 때 그런 별들이 나타나는 것일 수도 있으며, 그런 별들이 특정한 조건 아래서 우리가 볼 수 있는 지점으로 스스로 이동해 모습을 드러내는 것

---

158 첫 번째 설명은 아낙시메네스의 이론이다.

일 수도 있다.[159] 그리고 혜성이 사라지는 것은 방금 말한 것과 정반대 이유들 때문이다.

어떤 별들이 뜨거나 지지 않고 제자리에서 회전하는 것은 누군 112
가가 말했듯 우주의 그 부분은 정지해 있고, 나머지 부분들이 그 주위를 회전하기 때문일 수도 있고, 공기의 회오리바람이 그 부분을 에워싸고 있어 그 별들이 다른 별들처럼 뜨거나 지지 못하는 것일 수도 있으며, 별들이 뜨고 지는 데 필요한 연료가 그 별들이 머물러 있는 그곳에만 있고, 주변에는 없기 때문일 수도 있다.[160] 그 밖에도 이런 일이 일어나는 다른 여러 원인이 있을 수 있고, 현상과 일치하게 추론할 수 있는 사람은 그 원인을 찾아낼 수 있을 것이다.

어떤 별들은 규칙적인 궤도를 따라 움직이지만, 어떤 별들은 불
규칙적인 궤도를 따라 움직이는 것이 사실이라면, 모든 별은 처음 113
에는 원형 궤도를 따라 움직였지만, 어떤 강제력이 작용해 어떤 별들은 계속해서 처음과 동일한 궤도를 따라 규칙적으로 움직이는 반면, 어떤 별들은 불규칙성이 포함된 궤도를 따라 움직이게 된 것일 수 있다.[161] 하지만 별들이 지나가는 지점들에 펼쳐져 있는 공기가 어떤 곳에서는 별들에게 균일하게 연료를 공급해주어 별들이 규칙적인 궤도를 따라 움직일 수 있게 해주지만, 어떤 곳에서는 연료 공급이 균일하지 못해 우리 눈으로 보는 불규칙적 일탈이 초래

---

159 여기서 혜성은 하늘의 특정한 지역에 원자들의 특정한 응집으로 불이 모여 만들어지거나, 사실은 영속적인 별이지만 어떤 이유로 가려지기도 하고 나타나기도 하는 것이라고 말한다.

160 이것은 항성에 대한 설명이다. 첫 번째 설명은 아낙시메네스의 이론이고, 두 번째 설명은 데모크리토스의 이론이며, 세 번째 설명은 헤라클레이토스의 이론이다.

되는 것일 수 있다.[162] 이런 천체 현상은 여러 방식으로 설명해야 하므로 오직 한 가지 원인만을 고집하는 것은 미친 짓인데도, 생각 없는 천문학을 신봉하는 자들은 이런 천체 현상에 공허하고 헛된 오직 한 가지 원인만 제시하여, 신적인 존재들에게 무거운 짐을 지운다.

114 어떤 별들이 다른 별들에 비해 뒤처지는 것으로 보이는 이유는 그 별들도 다른 별들과 동일한 궤도를 따라 돌지만 더 느린 속도로 돌기 때문일 수 있고, 그 별은 다른 별들과 반대 방향으로 움직이지만 다른 별의 소용돌이에 의해 뒤로 끌려가기 때문에 그렇게 보일 수도 있으며, 모든 별이 동일한 방향으로 돌지만, 어떤 별들은 더 긴 궤도를 따라 돌고, 어떤 별들은 더 짧은 궤도를 따라 돌기 때문일 수도 있다. 하지만 이러한 천체 현상에 대해 오직 한 가지 원인만 제시하는 것은 많은 사람에게 신비감을 심어주려는 것일 뿐이다.

별이 떨어지는 것이라고 하는 유성 현상은 어떤 경우에는 번개 현상과 관련해 설명했듯 별들이 서로 마찰을 일으켜 떨어져나
115 온 파편들이 바람과 뒤섞이기 때문일 수도 있고, 불을 만드는 원자들이 서로 만나 결합해 이 결과를 만드는 데 적합한 유사한 물질을 생성시켜, 처음에 이 원자들을 결합시킨 동력을 따라 움직이기 때문일 수도 있으며, 특정한 밀도를 지닌 채 안개를 형성하고 있

---

161 첫 번째 설명은 "원형"(δίνη, '디네')과 "강제력이 작용해서"(καταναγκάζω, '카타낭카조')라는 용어들이 사용되는 것으로 보아 데모크리토스의 이론일 가능성이 크다.

162 두 번째 설명에서 불덩어리인 천체들의 "연료"에 관한 얘기가 나오는 것으로 보아 헤라클레이토스의 이론일 가능성이 크다.

는 구름 속으로 모인 바람이 구름에 갇혀 소용돌이치면서 불이 붙은 후 자신을 에워싼 구름을 뚫고 나와, 이 운동을 만들어낸 동력이 이끄는 곳으로 움직이기 때문일 수도 있다. 그리고 여기서 언급하지는 않았지만, 이 천체 현상을 만들어내는 그 밖의 다른 원인도 존재한다.

어떤 동물들이 보여주는 기후에 대한 징후들은 우연히 때가 일치했기 때문이다. 동물들에게는 겨울을 강제로 끝낼 힘도 없고, 어떤 신적인 존재가 앉아서 동물들을 주의 깊게 지켜보다가, 동물들이 어떤 행동을 하는 것을 보고 거기 맞춰 기후를 변화시키는 것도 아니기 때문이다. 비록 작고 하찮은 것이 더 큰 기쁨을 누린다고는 116
하지만, 어쨌든 하찮은 동물도 그런 어리석음에 빠지지 않는데, 완전한 행복을 얻은 사람이 그런 어리석음에 사로잡힌다는 것은 말도 되지 않는다.

피토클레스여, 너는 이 모든 것을 기억해두라. 그렇게 해야만 많은 경우에 신화에서 벗어나, 여기서 말한 것과 비슷한 현상을 제대로 이해하게 되기 때문이다. 그러나 무엇보다도 제1원리, 무한, 그 비슷한 것에 관한 연구, 또한 참과 거짓의 기준, 느낌, 이런 것을 탐구하는 목적을 집중하여 연구하라. 이런 것을 모두 철저하게 연구하면, 개별적이고 세부적인 것을 쉽게 이해할 수 있기 때문이다. 하지만 이런 것을 철저하게 연구해 기억해두지 않은 사람은 개별적이고 세부적인 것을 제대로 고찰할 수도 없고, 개별적이고 세부적인 것을 탐구하는 목적을 달성할 수도 없다.

이상은 천체 현상에 관한 에피쿠로스의 생각이다. 117

Epicurus: The Extant Remains

04

현자론

인생론에 관해, 그러니까 우리가 무엇을 선택하고 무엇을 회피해야 하는지에 대해서도 에피쿠로스는 서신을 썼다. 하지만 그 서신을 보기 전에 먼저 에피쿠로스와 그의 제자들이 현자[163]에 관해 어떻게 생각했는지를 살펴보고자 한다.

사람들로부터 받는 해악은 미움, 시기, 경멸에 따라 생기는데,[164] 현자는 이성적으로[165] 극복한다. 사람이 일단 현자가 되면,

---

163 스토아학파에서는 특히 "현자"(σοφός, '소포스')에 대해 많이 말했는데, 이 현자론에는 스토아학파의 현자론에 대한 반박으로 보이는 내용이 많이 들어 있다. 기원전 3세기에 키티온의 제논(기원전 약 335-263년)이 시작한 스토아학파는 감각으로 인지되지 않은 것은 보편적인 것이 아니고(감각 인지 강조), 세계는 오직 물질만으로 이루어져 있다(유물론)고 보았는데, 이는 에피쿠로스(기원전 약 341-270년)의 쾌락주의와 아주 비슷했다. 하지만 스토아학파는 세계를 이루는 물적 요소(물질)와 신적 요소(이성)를 동일한 것으로 보고 정념과 감정에서 해방되어 신적 이성인 '로고스'를 따르는 삶인 '아파테이아'를 행복의 기준으로 삼음으로써 결과적으로 대단히 금욕적이고 이성적인 삶을 추구했다면, 쾌락주의에서는 자연학의 결과조차도 마음의 소란에서 벗어나 평정심에 도달하는 '아타락시아'의 수단으로 삼음으로써, 결과적으로 아주 상반된 현자론을 제시했다.

164 "미움"은 대등한 사람들 사이에서 생기고, "시기"는 자기보다 우월한 사람들을 향해 생겨나며, "경멸"은 자기보다 열등한 사람들을 향해 생긴다. 이것은 고대 로마 제정 초기의 수사학자 쿠인틸리아누스(기원후 약 35-100년)의 말이다. 그는 플라톤의 철학, 아리스토텔레스의 수사학 이론, 이소크라테스의 수사학 기술, 키케로의 실전 수사학을 총망라한 수사학 교과서인 12권으로 된 『수사학 강론』의 저자로 유명하다.

그는 더 이상 지혜와 반대되는 성향을 지니고 있지도 않고, 스스로 그런 성향을 자기 속에서 만들어내지도 않는다. 그는 느낌들에 더 민감해지지만,[166] 그것은 그의 지혜에 장애가 되지 않는다. 하지만 모든 민족에서, 모든 사람이 현자가 될 수 있는 것은 아니다.

118 현자는 고문을 받아도 행복하다.[167] 오직 현자만이 자기 옆에 친구들이 있든 없든 그들에게 감사하는 마음을 지니고,[168] 말과 행위로 자신의 그런 마음을 나타낸다. 하지만 현자도 고문을 받으면 울부짖고 신음하기는 할 것이다.

디오게네스 라에르티오스가 에피쿠로스의 윤리적인 가르침들을 요약한 글에서 말했듯, 현자는 법이 금지하는 여자들과 성적인 관계를 갖지 않는다. 또한, 현자는 자기 집안의 노예들을 징벌하지 않고 도리어 불쌍히 여기며, 좋은 자질을 지닌 노예들을 자신의 동료로 여긴다. 에피쿠로스주의자들은, 현자는 성애에 빠지지 않고,

---

165 "이성적으로"(λογισμός, '로기스모스') 극복한다는 것은 이성이 아닌 것, 즉 비이성적인 신화나 미신이나 종교, 근거 없는 철학에 의지해 이런 해악들을 극복하지 않고, 오로지 이성에 근거해 극복한다는 뜻이다. 여기에서 "이성적인 것"은 당연히 에피쿠로스가 앞에서 말한 감각, 선개념, 느낌, 지성의 인식을 통한 분명한 증거들에 근거한 것을 가리킨다. 에피쿠로스의 일차적인 원칙은 자기가 직접 보고 느낀 것만 판단 기준으로 삼는다는 것이다.

166 "느낌들"은 쾌락과 고통을 가리킨다. 현자는 마음을 어지럽히는 모든 것에서 벗어난 '아타락시아'(평정심)에 도달해 있으므로, 무엇이 참된 쾌락이고 고통인지를 아주 분명하게 아는데, 이 지식이 바로 지혜다.

167 궁극적인 "행복"은 마음의 소란('타라코스')에서 해방되는 평정심에 있고, 현자는 평정심에 뿌리를 내린 사람이므로, 육체적인 고통을 받을 때도 여전히 행복하다. 이것은 에피쿠로스의 쾌락주의가 추구하는 쾌락의 선택과 고통의 회피는 우리가 일반적으로 생각하는 것과 다름을 보여준다.

168 평정심('아타락시아')에 도달했을 때 거기로부터 사람들을 사랑하는 마음인 '필리아'가 생긴다. 그러므로 사람들이 자기 옆에 있든 없든 현자의 마음과 행위 속에서는 '필리아'가 유지된다.

자신의 장례에 관심이 없으며, 성애는 신이 보낸 것이라고 생각하지 않는다고 말한다. 이것은 디오게네스가 자신의 책 제12권에서 말한 것이다. 또한, 현자는 사람들 앞에서 탁월한 말솜씨를 발휘하지 않는다. 에피쿠로스주의자들은 여자와 성적 관계를 맺는 것은 전혀 유익이 없고, 도리어 해를 입지 않으면 다행이라고 말한다.[169]

에피쿠로스가 『문제들』과 『자연학』에서 말했듯, 현자는 결혼하 119
지도 않고 자녀를 두지도 않는다. 하지만 삶 속에서 처한 상황 때문에 자기 의도와는 상관없이 결혼할 수는 있다. 에피쿠로스가 『항연』에서 말했듯, 현자는 술에 취해도 어리석은 말을 하지 않는다.

에피쿠로스가 『인생론』 제1권에서 말했듯, 현자는 공적인 삶을 살아가지 않는다. 에피쿠로스가 『인생론』 제2권에서 말했듯, 현자는 절대 군주로 살아가려고 하지도 않고, 견유학파[170]에 속한 철학자처럼 살아가려고 하지도 않으며, 거지가 되어 구걸하며 살아가려고 하지도 않는다. 현자는 시력을 잃어도 삶을 버리지 않는다.[171]

디오게네스가 『문집』 제5권에서 말했듯, 현자도 괴로워하고 화 120
도 낸다. 현자는 법정 소송에 참여하고, 글을 써서 문서로 남기기

---

169 "성애"(ἔρως, '에로스')는 인간애에 해당하는 '필리아'와는 달리 남녀 간의 성적인 사랑을 가리킨다. 에피쿠로스는 "성애"와 "탁월한 말솜씨"(수사학)가 '아타락시아'에 방해가 된다고 여겼다. "수사학"은 대중연설이나 법정 변론 같은 공적인 영역에서 필요한 것인데, 에피쿠로스는 시민으로서 공적 활동 역시 '아타락시아'에 방해가 된다고 생각했다.

170 "견유학파"는, 행복은 덕 있는 삶에 있고, 이 삶은 강인한 의지로 욕망을 억제함으로써 외적 환경에 좌우되지 않을 때 이루어진다고 가르쳤다. 여기에 제시된 세 가지 사례는 모두 인간 본성에서 벗어난 극단적으로 인위적인 상태라는 점이 공통적이다.

171 시력을 잃어도 절망하지 않는 이유는 그들의 행복이 평정심('아타락시아')에 있기 때문이다.

는 하겠지만, 법정이나 공적인 장소에서 변론이나 대중연설을 하지는 않는다.

현자는 재산과 미래를 계획하고, 조국을 사랑하며, 재산상의 이득 앞에서 결코 친구를 버리지 않는다. 현자는 자기가 멸시당하지 않기 위해 평판에 신경 쓰지만, 딱 그 정도로만 그렇게 한다. 현자는 공적인 행사들을 다른 사람들보다 더 기뻐한다. 현자는 남의 동상을 세우지만, 자신의 동상이 세워지는 것에는 관심이 없다.[172]

오직 현자만이 음악과 시에 대해 바르게 논할 수 있지만, 시를 창작하는 활동은 하지 않는다. 어떤 현자가 다른 현자보다 더 지혜롭게 행동하는 것은 아니다. 현자는 궁핍할 때 오직 자신의 지혜를 사용해 돈을 벌고, 필요한 경우에는 왕을 섬긴다. 현자는 다른 사람의 잘못을 바로잡아주는 것을 아주 기뻐한다. 현자는 학교를 세우지만, 그것은 자신을 추종하는 무리를 모으기 위한 것이 아니다. 많은 사람 앞에서 강의를 하지만, 오직 요청이 있을 때만 그렇게 한다. 현자는 망설임 없이 단호하게 가르친다. 현자는 잘 때도 깨어 있을 때와 같고, 친구를 위해 얼마든지 자신의 목숨을 내어놓는다.

에피쿠로스주의자들은 모든 죄가 다 똑같은 것은 아니라고 생각한다. 건강은 어떤 사람에게는 좋은 것이지만, 어떤 사람에게는 아무 상관이 없다. 용기는 본성적으로 생기지 않고, 이득에 대한 계산에서 생겨나며, 사랑과 우정[173]도 필요에 따라 생긴다. 하지만

---

172 일반인의 경우에는 "용기"(ἀνδρεία, '안드레이아')나 "사랑과 우정"(φιλία, '필리아') 모두 이기적인 동기에서 생기므로 진정한 것이 아니다. 하지만 현자들에게는 이 미덕들이 '아타락시아'라는 참된 뿌리에서 나오기 때문에 진정한 것이다.

열매를 거두려면 땅에 씨앗을 뿌려야 하듯이, 사랑과 우정도 먼저 기초가 놓여야 한다. 완전한 쾌락을 이룬 사람들 사이에서는 삶의 공유를 통해 사랑과 우정을 얻는다.

두 종류의 행복이 있는데, 하나는 늘거나 줄어들 수 없는 최고 121
의 행복으로서 신이 누리는 것이고, 다른 하나는 쾌락을 더하거나 뺄 수 있는 행복이다.[173]

이제 에피쿠로스의 다음 서신으로 넘어가보자.

173 에피쿠로스가 추구한 행복은 전자이고, 일반인이 누리는 행복은 후자다.

Epicurus: The Extant Remains

05

메노이케우스에게 보낸 서신

에피쿠로스가 메노이케우스에게 문안인사를 전한다.

누구든지 젊다고 철학할 필요가 없다고 해서도 안 되고, 늙었다 122
고 해서 철학하는 것을 싫증 내서도 안 된다. 정신을 건강하게 하는 데 너무 이르거나 너무 늦은 나이는 없기 때문이다. 철학할 나이가 아직 되지 않았다거나 이미 지났다고 하는 것은 아직 행복할 나이가 되지 않았다거나 이미 지났다고 하는 것과 같다. 따라서 젊었든 늙었든 철학을 해야 한다. 젊은 사람은 비록 나이가 젊더라도 미래에 일어날 일들에 대한 두려움 없이 나이 든 사람처럼 원숙하기 위해 철학을 해야 하고, 늙은 사람은 비록 나이가 들었지만 지나간 일들에 감사하는 마음으로 축복 속에서 젊게 살아가기 위해 철학을 해야 한다. 행복하다면 모든 것을 가진 것이고, 행복하지 않다면 행복하기 위해 모든 것을 할 것이므로, 우리는 자신에게 행복을 가져다줄 것을 해야 한다.

내가 네게 끊임없이 말해온 것을 잘 살게 하는 기본적인 요소 123
들[174]로 받아들여 행하고 실천하라. 먼저 모든 사람에게 각인된, 신에 대한 공통 인식에 따라 신은 살아 있고 불멸하며 축복받은 행복한 존재라는 것을 믿고, 신의 불멸성에 이질적이거나, 축복받은 행복한 존재인 신과 어울리지 않는 것은 무엇이든 신에게 돌리지 말라. 신은 불멸하고 축복받은 행복한 존재라는 사실을 훼손하지 않는 것만 모두 신에게 속한다고 생각하라.[175]

신들은 존재하고, 신들에 대한 지식은 분명하다.[176] 하지만 신들은 많은 사람이 생각하는 그런 존재가 아니다. 사람들은 신들이 불멸하고 축복받은 행복한 존재라는 생각을 고수하지 않기 때문이다. 그래서 많은 사람이 생각하는 그런 신들을 거부하는 사람이 불경한 것이 아니라, 많은 사람이 신들에 관해 생각하는 것을 신들에
124 게 돌리는 사람들이 불경한 것이다. 많은 사람이 신들에 관해 말하는 일련의 것은 선개념[177]이 아니라 거짓된 추측이기 때문이다.

사람들은 자신의 거짓된 추측에 근거해, 신들은 악한 자들에게는 아주 큰 해를 끼치고 선한 자들에게는 아주 큰 도움을 준다고

---

174 "기본적인 요소들"로 번역한 '스토이케이온'(στοιχεῖον)은 앞에서 "원소"로 번역한 단어로, 어떤 것을 구성하는 가장 기본적인 것을 가리킨다. 제1원리들이라고 할 수도 있다.

175 에피쿠로스는 가장 먼저 "신화"에서 벗어나라고 언급한다. "신"도 물질적인 존재로, 우리 감각으로는 인지할 수 없지만, 신에게서 유출된 유체('에이돌론')가 모든 사람의 지성에 "각인되어" 신의 존재와 속성에 대한 인식이 생겼다고 말한다. 그 결과 신은 "살아 있고 불멸하며 축복받은 행복한 존재"라는 것이 분명한데도, 신화에서는 그러한 존재인 신에 이질적이거나 걸맞지 않은 것을 신에게 돌리는 일이 비일비재하므로, 신화적인 우주관이나 윤리관에서 벗어나야 한다고 강조한다.

176 에피쿠로스는 신들에 대한 사람들의 지식은 참과 거짓의 판단 기준, 즉 감각 인지로 생긴 선개념에 속하므로 "분명한 것"('에나르게스')이라고 말한다. 하지만 사람들은 이러한 분명한 지식이 그들에게 주어졌음에도, 그 지식에서 벗어나 신화를 만들어냈다. 따라서 사람들은 자신이 만든 신화를 부정하는 것을 불경죄와 신성모독이라고 단죄하지만, 사실은 그 정반대다.

177 "선개념"(πρόληψις, '프롤렙시스')은 감각 인지의 축적으로 생기는 개념으로 참과 거짓의 판단 기준이 된다. 반면에 "거짓된 추측"(ὑπόληψις, '휘폴렙시스')은 지성이 선개념에 자의적으로 덧붙인 견해나 생각이고, 이것 때문에 오류가 생긴다.

말한다. 사람들이 그런 거짓된 추측을 하는 이유는 자신이 좋게 여기는 것이 항상 좋은 것이라는 생각이 체질화되어 있어서 그런 것은 받아들이지만 그렇지 않은 것은 모두 이질적인 것으로 여겨 거부하기 때문이다.[178]

죽음은 아무것도 아니라는 생각에 익숙해져라.[179] 모든 좋고 나쁨은 감각에 있는데, 죽음은 감각의 박탈이기 때문이다. 따라서 우리에게 죽음은 아무것도 아님을 아는 바른 지식은 우리 삶에 무한한 시간을 더해주는 방식이 아닌, 불멸에 대한 갈망을 제거하는 방
식으로, 우리가 삶의 필멸성조차 즐길 수 있게 한다. 죽는 것을 두 125
려워할 필요가 전혀 없음을 철저하게 아는 사람에게는 사는 것과 관련해서도 두려움이 전혀 없기 때문이다. 따라서 죽음을 두려워하는 이유는 죽음에 고통이 따르기 때문이 아니라 죽는다는 생각을 하면 고통스럽기 때문이라고 말하는 사람은 헛소리를 하는 것이다. 정작 죽음이 닥쳐왔을 때는 고통을 느끼지 않는데도, 그런 죽음을 예상하고서 헛되이 고통스러워하는 것이기 때문이다.

죽음은 모든 재앙 중에서 가장 두렵고 떨리는 재앙이지만, 우리에게는 아무것도 아니다. 우리가 존재하는 동안에는 죽음은 우리에게 오지 않고, 죽음이 우리에게 왔을 때는 우리는 이미 존재하지 않기 때문이다. 따라서 산 자에게나 죽은 자에게나 죽음은 아무것

---

178 참과 거짓의 기준은 철저하게 눈으로 보고 감각으로 인지해서 축적된 선개념이므로 사람들은 선개념을 고수해야 함에도, 자신의 주관적인 좋고 나쁨에 따라 비이성적으로 판단하는 것이 몸에 배어 있어서, 자기가 좋게 여기는 것을 "선"이라고 하고, 자기가 좋게 여기지 않는 것을 "악"이라고 규정해버린다.

179 에피쿠로스가 "죽음"에 대해 이렇게 길게 말하는 이유는 죽음이 인간이 느끼는 모든 두려움 중에서 가장 큰 두려움이면서, 죽음에 대한 두려움이 그 밖의 다른 많은 악의 원인이기 때문이다.

도 아니다. 산 자에게는 죽음이 오지 않았고, 죽은 자는 이미 존재하지 않기 때문이다. 그런데도 많은 사람이 어떤 때는 죽음을 가장 큰 재앙이라고 여겨 피하고자 하고, 어떤 때는 죽음을 삶의 재앙들에서 벗어나 안식하게 해주는 것으로 여겨서 붙잡고자 한다.

126 반면에 현자는 삶에서 도피하려고 하지 않고, 죽음을 두려워하지도 않는다. 현자는 삶을 걸림돌로 여기지 않고, 죽음을 재앙으로 여기지도 않기 때문이다. 사람들이 음식을 고를 때 오로지 양이 많은 것이 아니라, 더 맛있고 즐거움을 주는 것을 고르듯, 현자는 가장 긴 시간을 누리려는 게 아니라, 가장 즐거운 삶을 누리려고 한다.

젊은 사람에게는 잘 살라고 충고하고 늙은 사람에게는 잘 죽으라고 충고하는 자는 어리석다. 이것은 단지 사는 것이 기쁘고 바람직하기 때문만이 아니라, 잘 사는 것이 곧 잘 죽는 것이기 때문이다. 이렇게 충고하는 자보다 훨씬 더 나쁜 사람은, 아예 태어나지 않는 것이 좋고, 일단 태어났다면 아주 신속하게 죽음의 문을 통과
127 하는 것이 좋다고 말하는 사람이다. 그가 정말 그렇다고 믿고 그런 말을 하고 그의 신념이 그토록 확고하다면, 삶을 버릴 수 있는 길은 항상 준비되어 있는데, 왜 그는 삶을 떠나지 않는 것인가? 농담으로 그렇게 말하는 것이라면, 그런 농담을 받아들이지 않을 사람들에게 그리 말하는 것이므로 그는 어리석은 자다.

미래가 우리 손안에 있지는 않지만, 완전히 우리 것이 아닌 것도 아님을 기억해야 한다. 따라서 우리는 미래가 반드시 바람대로 온다고 기대해서도 안 되고, 마치 미래가 오지 않을 것처럼 절망해서도 안 된다.[180]

우리 욕망들 중 어떤 것은 본성적이고 어떤 것은 공허하며, 본

성적인 욕망들[181] 중에서 어떤 것은 필수적이고 어떤 것은 그저 본성적일 뿐이며, 필수적인 욕망들 중에서 어떤 것은 행복을 위해 필수적이고 어떤 것은 몸의 평정[182]을 위해 필수적이며, 어떤 것은 생존을 위해 필수적임을 알아야 한다.

이런 것을 관찰해서 확실하게 알아두면, 행복한 삶의 목표인 몸의 건강과 평정심[183]을 얻기 위한 모든 선택과 회피를 제대로 할 수 있다. 우리의 모든 행위는 고통과 두려움에서 벗어나기 위한 것이기 때문이다. 일단 이것이 우리에게 이루어지기만 하면, 마음에 128

---

180 여기까지 에피쿠로스는 '잘 사는 삶'을 위한 두 가지 정지작업을 마친다. 하나는 신들에 대한 바른 지식이고, 다른 하나는 죽음에 대한 바른 이해였다. 고대 그리스인에게 이 두 가지는 인생 전체에 영향을 미치는 두 축이었으므로, 이 두 가지를 바르게 이해하여 바로잡지 않고는 '잘 사는 삶'은 불가능했다. 이제 에피쿠로스는 자신의 도덕적 이론을 전개하는 데 이 서신의 나머지 부분을 할애한다.

181 여기서 에피쿠로스는 "모든 좋고 나쁨의 기준은 감각에 있다"([124])라는 자신의 대원칙 아래에서 인생의 목적과 선한 행위의 기준을 고찰하면서, 모든 행위의 동기인 "욕망들"에 대한 고찰로 시작한다. 욕망에 대한 이러한 분류는 전통적인 것이다. 모든 행위의 동기는 욕망이고, 욕망 중에서 본성적이고 필수적인 욕망은 몸의 건강과 마음의 평안, 즉 몸과 마음에서 고통의 부재와 직결되는데, 이 고통의 부재가 "쾌락"이고, "쾌락"은 인생의 목적이자 선한 행위의 기준이다. 이렇게 에피쿠로스는 견유학파와는 달리 욕망을 적극적으로 충족시키는 쾌락을 추구하지 않고, 소극적인 쾌락, 즉 인간이 지닌 한계들을 바르게 이해하고 욕망을 적절하게 충족시켜 고통에서 벗어나는 것을 추구했다.

182 "평정"으로 번역한 '아오클레시아'(ἀοχλησία)는 몸이 본성적인 욕망을 충족하지 못해 본성적인 기능을 제대로 수행하지 못한 나머지 고통을 느끼고 이상 반응을 보이는 것과 관련된다.

183 에피쿠로스는 "행복한 삶"이란 "몸의 건강과 평정심"이라고 말한다. "몸의 건강"은 앞에서 말한 "몸의 평정"과 동일한 의미로, 몸의 본성적인 기능이 제대로 작동하는 상태를 가리킨다. 몸과 마음의 평정이 이루어지지 않았을 때, 몸과 마음에는 비정상적인 이상 반응이 나타난다. 에피쿠로스는 이 단락에서 "살아 있는 존재"라는 표현을 사용함으로써, 이것은 단지 인간만이 아니라 동물도 마찬가지라는 것을 보여준다.

휘몰아치던 혹독한 폭풍우는 사라진다. 쾌락의 부재로 고통이 존재하면 우리는 쾌락을 필요로 하지만, 고통이 존재하지 않을 때는 더 이상 쾌락을 필요로 하지 않는 까닭에, 고통이 존재하지 않는 경우에는 살아 있는 존재가 마치 어떤 것이 자기에게 결핍되어 있듯 헤맬 필요도 없고, 마음과 몸의 좋은 것을 충족시키는 데 도움을 줄 수 있는 다른 어떤 것을 찾아다닐 필요도 없기 때문이다.

이런 이유로 우리는 쾌락을 행복한 삶의 시작이자 끝이라고 말
129 한다. 우리는 쾌락을 가장 으뜸가는 선이자 선천적으로 주어진 선으로 인식하고, 모든 선택과 회피의 출발점으로 삼는다.[184] 모든 선을 판단하는 기준으로 느낌을 사용할 때는 결국 쾌락을 기준으로 하기 때문이다.

쾌락은 가장 으뜸가는 선이자 선천적으로 주어진 선이다. 그런 이유로, 우리는 쾌락이라고 해서 다 선택하지는 않고 더 큰 괴로움을 가져다주는 많은 쾌락은 자주 건너뛰기도 한다. 그리고 오랜 시간 고통을 참은 다음 더 큰 쾌락이 주어지는 경우, 우리는 많은 고통이 쾌락보다 더 낫다고 생각한다. 따라서 모든 쾌락은 본성적으로 우리와 잘 맞기 때문에 좋은 것이지만 모든 쾌락이 선택할 만한 것은 아니고, 모든 고통은 나쁘지만 모든 고통이 항상 회피를 낳는
130 것은 아니다. 따라서 우리는 이해득실을 비교하고 저울질하고 나

---

184 쾌락, 즉 고통의 부재를 위한 쾌락이 행복한 삶의 조건이므로, 거기로부터 "선택"(αἵρεσις, '아이레시스')과 "회피"(φυγή, '퓌게')라는 윤리적 판단과 행위가 생긴다. 윤리적 판단은 결국 선과 악을 판단하는 것인데, 그 기준은 "느낌"(쾌락과 고통), 즉 "쾌락"이기 때문이다. 고대 그리스에서 선(ἀγαθός, '아가토스')과 악(κακός, '카코스')은 본성에 부합하는지 여부에 따라 결정되므로, 윤리적인 선함과 악함을 뛰어넘어 "좋은 것"과 "나쁜 것"을 의미한다.

서 이 모든 것을 판단해야 한다. 어떤 경우에는 좋은 것을 나쁘다고 해야 할 때가 있고, 반대로 어떤 경우에는 나쁜 것을 좋다고 해야 할 때도 있기 때문이다.

또한, 우리는 자족[185]을 큰 선이라고 생각한다. 이것은 언제나 적은 것만 누리려는 게 아니라, 많은 것을 가지지 못했더라도 적은 것으로 만족을 얻기 위함이다. 사치를 가장 적게 필요로 하는 사람이 사치에서 가장 큰 쾌락을 누릴 수 있고, 본성적인 욕망들에서 오는 쾌락은 얻기 쉬운 반면, 공허한 욕망들에서 오는 쾌락은 얻기 어렵기 때문이다.

일단 결핍으로 인한 고통이 제거된 상태에서는, 소박한 음식은 사치스러운 음식과 동일한 쾌락을 가져다준다.[186] 그래서 빵과 물 131
은 가장 필요로 하는 사람에게 주어졌을 때 가장 큰 쾌락을 준다. 따라서 사치스럽지 않고 소박한 음식에 길들여져 있을 때가 건강하고, 사람이 자기 삶에 필수적인 것을 사용할 때 싫증나지 않으며, 상당한 시간 간격을 두고 사치스러운 것을 마주했을 때 우리는

---

185 "자족"을 뜻하는 '아우타르케이아'(αὐτάρκεια)는 충분히 가지고 있고 누리고 있어서 다른 것에 영향을 받지 않고 독립되어 있다는 뉘앙스를 지닌 단어다. 즉, 에피쿠로스에게 "자족"은 당연히 누리고 있어야 할 쾌락의 부재, 즉 본성적인 욕망들을 충족시키지 못하는 데서 오는 고통이 없는 상태로, 몸과 마음의 평정을 위한 토대가 된다. 이렇게 "자족"이 이루어지면, "공허한 욕망들", 즉 본성적이지 않은 욕망들로 인한 고통이 사라지게 된다. 이것은 똑같이 "자족"의 미덕을 중시했던 스토아학파가 보인 금욕적인 성향과 대비된다.

186 "결핍"은 굶주림이나 목마름 같이 본성적이고 필수적인 욕망이 채워지지 않은 상태를 가리킨다. "소박한 음식"과 "사치스러운 음식"은 둘 다 본성적이고 필수적인 욕망을 채우지만, 전자는 오직 본성적이고 필수적인 욕망만을 채워 고통이 제거된 상태를 만드는 반면, 후자는 공허한 욕망까지 충족시키는 것이므로 더 큰 고통이 수반된다는 점에서 서로 다르다. 따라서 에피쿠로스에게 소박한 음식은 결코 금욕이 아니었다.

더 나은 조건에 있고, 무슨 일이 일어나도 두려워하지 않게 된다.

따라서 쾌락이 우리의 목표이자 목적이라고 말할 때, 우리를 제대로 알지 못하거나 우리 생각에 동의하지 않거나 악의적으로 해석하는 자들이 떠올리는 것과는 달리 방탕한 자들이 추구하는 쾌락이나 어떤 것을 즐길 때 생기는 쾌락을 의미하지 않고, 몸에 고
132 통이 없고 마음에 괴로움이 없는 것을 의미한다. 쾌락의 삶을 만드는 것은 끊임없이 술 마시고 흥청거리는 것도 아니고, 동성애나 이성애를 통해 애욕을 즐기는 것도 아니며, 사치스러운 진수성찬을 차려놓고 생선 요리 같은 것을 즐기는 것도 아니고, 오직 맑은 정신으로 이성적으로 추론하여 모든 선택과 회피를 위한 근거들을 찾아내고, 마음에 가장 큰 소동과 혼란을 불러일으키는 잘못된 생각들을 몰아내는 것이기 때문이다.[187]

이 모든 것의 시작이자 가장 큰 선은 사려 깊음[188]이다. 그런 까닭에 사려 깊음은 지혜를 사랑하는 것보다 더 소중하다. 사려 깊음에서 그 밖의 다른 모든 미덕이 생기고, 이것은 사려 깊고 아름다우며 정의로운 삶 없이는 쾌락의 삶도 있을 수 없고, 쾌락의 삶 없이는 사려 깊고 아름다우며 정의로운 삶도 있을 수 없음을 가르친다. 미덕들은 본성적으로 쾌락의 삶과 결합되어 있어, 쾌락의 삶은 미덕들과 분리될 수 없기 때문이다.

133 신들과 관련된 신성한 일에 대해 생각하는 것, 죽음에 대한 두

---

187 에피쿠로스는 자신이 말하는 "쾌락"이 무엇을 의미하는지를 설명한 후, 마음대로 먹고 마시는 것과 성애를 즐기는 것 같은 방탕한 삶이 쾌락을 누리는 삶이라고 생각하는 쾌락 개념은 자기가 말하는 쾌락이 아님을 분명히 한다. 이러한 설명은 당시에도 "쾌락"을 주창한 에피쿠로스에 대한 오해와 비방이 있었음을 보여준다.

려움이 전혀 없는 것, 본성이 정한 목적을 헤아리는 것에서 사려 깊은 사람보다 더 잘 판단할 사람이 누가 있겠는가? 사려 깊은 사람은 선한 것의 목표는 쉽게 도달하고 쉽게 얻지만, 악한 것을 통해서는 지속시간도 짧고 결과도 보잘것없는 것을 안다.

어떤 사람들은 운명을 만물의 여주인이라고 부르지만,[189] 사려 깊은 사람은 어떤 것은 필연에 의해, 어떤 것은 우연에 의해, 어떤 것은 우리 자신 때문에 생기는데, 필연에 의해 일어나는 일은 우리에게 아무 책임이 없고, 우연에 의해 일어나는 일은 언제 일어날지 모른다면, 어떤 강제 없이 자신 때문에 일어나는 일에는 당연히 비난과 칭찬이 따라붙는다는 것을 알기 때문에 운명을 비웃는다.

사실 자연철학자들이 말하는 운명의 노예가 되는 것보다는 신들 134
에 대해 말하는 신화를 따르는 게 더 나을 것이다. 신화를 따르면

---

188 "사려 깊음"으로 번역한 '프로네시스'(φρόνησις)는 어떤 것에 대해 깊이 생각하고 요모조모를 따져 옳고 그름을 분별해내는 것을 가리킨다. 행복한 삶을 위해서는 진정한 쾌락들을 선택하고 고통을 회피해야 하는데, 그렇게 하려면 쾌락과 고통의 많고 적음을 면밀하게 계산해 바른 판단을 하는 능력이 필요하고, 이 능력이 바로 '프로네시스'다. 고대 그리스의 철학자들은 지혜를 두 종류로 나누어 사변적 지혜를 '소피아'(σοφία)라고 했고, 실천적 지혜를 '프로네시스'라고 했다. 에피쿠로스는 자신의 철학에서 사변적 지혜가 아니라 실제로 쾌락과 고통을 판별해내는 실천적 지혜가 훨씬 더 중요했으므로, '프로네시스'가 "지혜를 사랑하는 것"(φιλοσοφία, '필로소피아')보다 더 중요하다고 말한다. 에피쿠로스에게는 "지혜('소피아')를 사랑하는 것"이 철학이 아니라, '프로네시스'를 따라 쾌락과 고통을 분별해내는 것이 철학이었기 때문이다.

189 고대 그리스의 신화에서는 당연히 신들이 정한 운명이 모든 것을 결정한다고 믿었다. 뿐만 아니라 원자론의 창시자인 레우키포스의 제자로서 원자론을 체계화했고 에피쿠로스에게 많은 영향을 준 데모크리토스(기원전 약 460-370년)도 원자론을 바탕으로 한 자연학 이론에서 만물은 "필연"(ἀνάγκη, '아낭케')에 의해 결정된다고 주장했다. 하지만 에피쿠로스는 모든 원자는 자신의 무게로 필연적으로 하방운동을 하지만 자발적인 방향 전환을 하므로, 이것이 인간의 마음('프쉬케')에서는 자유의지로 나타난다고 말한다.

신들을 공경하는 가운데 간청함으로써 신들을 달랜다는 희망이라도 있지만, 필연은 간청으로 달랠 수 있는 것이 아니기 때문이다.

많은 사람은 우연을 신이라고[190] 생각하지만, 사려 깊은 사람은 그렇게 생각하지 않는다. 신들이 하는 일에는 무질서가 없기 때문이다. 또한, 사려 깊은 사람은 원인을 알지 못하는 모든 일이 우연 때문에 일어난다고 생각하지도 않는다. 그는 좋은 것과 나쁜 것이 주어져 축복받은 삶과 그렇지 않은 삶으로 만드는 것이 아니라, 좋은 것과 나쁜 것은 더 좋은 것 또는 더 나쁜 것으로 나아가기 위한 출발점으로 주어진다고 생각하기 때문이다.

135 그래서 사려 깊은 사람은 제대로 이성적인 사고를 따라 행동해서 실패하는 것이 비이성적으로 행동해서 성공하는 것보다 더 낫다고 생각한다. 제대로 바르게 판단해서 행동했지만 우연에 따라 실패하게 된 것이 바르게 판단하지 않은 채 행동했다가 우연히 성공하게 된 것보다 더 낫다는 것이다.

그러므로 너는 스스로 이것 및 이와 필연적으로 결부된 것을 밤낮으로 실천하고, 너와 함께하는 사람들에게도 그렇게 하게 하라. 그렇게 하면 너는 깨어 있을 때든 잠잘 때든 언제라도 평정심을 잃지 않겠고, 사람들 가운데서 신처럼 살게 될 것이다. 불멸의 선들 속에서 살아가는 사람은 필멸의 존재와 다르지 않기 때문이다.

에피쿠로스는 다른 곳에서 모든 예언을 배척하는데, 『소요약집』에서는 이렇게 말한다. "예언이라는 것은 존재하지 않고, 설령 존

---

190 "우연"으로 번역한 '튀케'(τύχη)는 우연으로 주어지는 행운과 불운을 가리키는데, 고대 그리스인들은 신들이 "운"을 관장한다고 믿었다. 하지만 이것은 불멸의 축복을 받은 행복한 신의 본성에 맞지 않는다. 즉, 그런 존재인 신은 그렇게 자의적으로 행하지 않는다.

재하더라도, 예언이 말하는 것은 우리에게 아무런 의미가 없다."

이상이 인생에 관한 에피쿠로스의 가르침이지만, 그는 다른 곳에서 인생에 관해 더 자세히 다루었다.

쾌락에 관해 에피쿠로스는 견유학파와 다르다. 견유학파는 정 136
적인 쾌락을 인정하지 않고, 오직 동적인 쾌락만을 인정했다면, 에피쿠로스는 둘 다 인정한다. 에피쿠로스는 『선택과 회피』, 『인생의 목적』, 『인생론』 제1권, 미틸레네에 있는 철학자들에게 보낸 서신에서 몸과 관련된 쾌락이 있고, 마음과 관련된 쾌락이 있다고 말한다. 또한, 디오게네스의 『문집』 제17권에 따르면, 메트로도로스는 『티모크라테스』에서 이렇게 말한다. "운동에 따른 쾌락과 정적인 쾌락이 있다고 생각된다." 에피쿠로스는 『선택과 회피』에서 이렇게 말한다. "평정심과 고통에서의 해방이 정적인 쾌락이라면, 기쁨과 환희는 운동에 따른 동적인 쾌락으로 생각한다."[191]

에피쿠로스가 견유학파와 다른 점이 또 하나 있다. 견유학파에 137
서는 몸의 고통이 마음의 고통보다 더 좋지 않으므로, 죄지은 자들은 몸에 벌을 받는다고 생각한다. 하지만 에피쿠로스는, 육체는 오직 현재적으로만 고통을 느끼지만, 마음은 과거 일과 현재 일과 미래 일에서 고통을 느끼므로 마음의 고통이 더 좋지 않다고 생각한다. 따라서 동일한 이유로 에피쿠로스는 마음의 쾌락이 몸의 쾌락보다 더 크다고 본다.

---

191 여기에서 "정적 쾌락"은 소극적 쾌락의 다른 말이고, "동적 쾌락"은 적극적 쾌락의 다른 말이다. 따라서 마음의 소란에서 해방된 상태인 "평정심"(ἀταραξία, '아타락시아'), 몸의 "고통에서 해방"(ἀπονία, '아포니아')은 소극적 쾌락이고, "기쁨"(χαρά, '카라')과 "환희"(εὐφρόσυνος, '에우프로쉬노스')는 적극적 쾌락이다.

에피쿠로스는 살아 있는 것의 목적이 쾌락임을 보여주는 증거로, 살아 있는 것은 태어나는 순간부터 이성이 아니라 본성에 따라 쾌락을 즐거워하고 고통에는 분노한다는 사실을 제시한다. 우리는 자기 자신의 느낌을 따라 고통을 피한다. 그래서 헤라클레스는 독이 묻은 옷옷이 자기 살을 파먹어 들어가자 극심한 고통에 비명을 지르며 울부짖었고, 로크리스의 산들과 에우보이아의 곶들 꼭대기에 있는 바위도 울었다.[192]

138 에피쿠로스는 건강을 위해 의술을 선택하듯, 미덕들도 그 자체를 위해서가 아니라 쾌락을 위해 선택하는 것이라고 말한다. 디오게네스도 자신의 『문집』 제20권에서 그렇게 말하고, "인생은 훈련이다"[193]라는 말을 덧붙인다. 또한, 에피쿠로스는 "쾌락과 미덕은

---

192 "헤라클레스"는 그리스 신화 최고의 영웅으로, 제우스가 페르세우스의 자손 알크메네에게서 얻은 아들이다. 그는 제우스의 아내 헤라의 질투로 극심한 박해를 받지만, 도리어 그 박해를 극복해나가는 과정에서 위대한 영웅으로 성장한다. 한번은 헤라클레스가 부인 데이아네이라와 아들을 데리고 트라키스로 가던 길에 에우에노스강에 이르렀을 때, 켄타우로스족인 네소스가 물살이 거세니 자기가 데이아네이라를 업고 건네주겠다고 하고는, 강을 건넌 후 그녀를 겁탈하려고 했다. 그러자 헤라클레스는 히드라의 독이 묻은 활을 쏘아 네소스를 죽이지만, 네소스는 데이아네이라에게 자신의 피에는 식어버린 사랑을 되살리는 힘이 있으니 남편이 변심했을 때 자신의 피를 남편의 옷에 발라 입히라는 말을 남기고 숨을 거두었다. 그 후 헤라클레스가 오이칼리라로 쳐들어가 아름다운 공주 이올레를 데려오자, 데이아네이라는 네소스의 피를 남편의 옷에 묻히고, 그 옷을 입은 헤라클레스는 그 피에 들어 있던 히드라의 독 때문에 극심한 고통을 당한다. "로크리스"와 "에우보이아 섬"은 헤라클레스가 최후를 맞이한 트라키스 인근 지역들이다.

193 언어유희가 들어 있다. "인생"(διαγωγή, '디아고게')은 한 인간이 평생 살아가는 과정을 상소하는 표현이고, "훈련"(ἀγωγή, '아고게')은 어떤 목표를 향해 끊임없이 나아가는 것을 가리킨다. 영어로 표현하면 단어의 발음만 아니라 내용에서도 언어유희임이 드러난다. '디아고게'는 "carrying across"이고, '아고게'는 "carrying away"다.

서로 분리될 수 없지만, 그 밖의 다른 것—예컨대 음식—은 쾌락과 분리될 수 있다"라고 말한다.

그러면 이제 나는 에피쿠로스의 주요 가르침을 제시하는 것으로 이 저작 전체를 마침으로써, 이 저작의 끝이 행복의 시작이 되게 하는 방식으로 나의 저작 전체와 에피쿠로스라는 철학자의 생애에 마침표를 찍고자 한다.

Epicurus: The Extant Remains

06

주요 가르침들

1. 축복받은 불멸의 존재는 분노나 호의에 사로잡히지 않으므 139
로 스스로 괴로움을 지니고 있지 않고 다른 존재에게도 괴로움을 끼치지 않는다. 분노나 호의 같은 것은 모두 약한 존재에게만 있기 때문이다.[194] 〔에피쿠로스는 다른 곳에서 신들은 오직 이성[195]으로만 인식되는데, 어떤 신들은 수적으로 서로 분명하게 구별되고, 어떤 신들은 비슷한 유체들이 이성에 인간적인 형태로 지속해서 유입됨으로써 일관되게 인식된다고 말한다.〕

2. 죽음은 우리에게 아무것도 아니다. 해체된 것은 감각이 없고, 감각이 없는 것은 우리에게 아무것도 아니기 때문이다.[196]

---

194 경구 1~4는 에피쿠로스 철학의 윤리 체계를 토대로 서로 밀접하게 결합되어 있다. 에피쿠로스학파에게 이 네 가지는 "네 가지 치료약"(τετραφάρμακος, '테트라파르마코스')으로 알려져 있었다. 신, 죽음, 쾌락, 고통에 관한 올바른 이해는 행복의 상태인 평정심('아타락시아')과 몸의 고통으로부터 해방('아포니아')에 도달하는 데 필수적인 것으로 보았다.

195 신들은 아주 미세한 입자들로 이루어진 존재이므로 감각으로는 인지되지 않고, 오직 신들로부터 나온 "유체들"('에이돌론')이 "지성"으로 유입되어 인식된다. 에피쿠로스는 사람들의 신 개념이 여기서 생겼다고 본다. 다만, "이성"(λόγος, '로고스')은 에피쿠로스가 사용한 용어는 아니다.

196 "죽음"은 살아 있는 존재를 구성하던 원자들이 해체되는 것을 의미하고, 원자들의 해체는 감각의 상실을 의미한다. "감각"은 혼이 몸 안에 갇혀 운동할 때만 생기기 때문이다. 인간은 감각을 지닌 존재이고, 따라서 감각이 없는 존재는 우리가 아니다.

3. 모든 고통이 제거될 때, 쾌락들의 크기는 한계에 도달한다.[197] 쾌락이 있는 곳에는 그 쾌락이 존재하는 동안에는 몸의 고통이 없거나 마음의 괴로움이 없거나, 둘 모두가 없다.[198]

140 4. 고통은 육체에 지속해서 머물지 않는다. 극심한 고통은 가장 적은 시간 육체에 머물고, 쾌락을 뛰어넘는 육체적 고통도 여러 날 머물지 않는다. 게다가 만성적인 질병인 경우에는 육체적인 쾌락이 고통보다 더 커진다.[199]

5. 사려 깊고 아름다우며 정의로운 삶 없이는 쾌락의 삶도 없고, 쾌락의 삶 없이는 사려 깊고 아름다우며 정의로운 삶도 없다. 예컨대 아름답고 정의로운 삶이지만 사려 깊지 않다면, 세 가지 중 어느 한 가지라도 없는 삶은 쾌락의 삶이 아니다.[200]

141 6. 사람들로부터 자신을 지켜주는 모든 것은 본성적으로 선하

---

197 인간이 본성적으로 누릴 수 있는 쾌락의 크기는 모든 고통이 제거되었을 때 극대화되고, 그 이상으로 커지지는 않는다. 이 가르침은 에피쿠로스 철학의 핵심 명제로, 쾌락에 관한 견유학파의 가르침을 반박한 것이다. 견유학파에서는 모든 고통의 제거는 단지 소극적 쾌락일 뿐이고, 거기에 행위에 따른 적극적 쾌락이 더해져야 한다고 가르쳤기 때문이다.

198 이것은 플라톤이 쾌락 있는 곳에는 고통도 있다고 한 데 대한 반박이다. 예컨대 소박한 음식에는 굶주림의 제거를 통한 쾌락만 있고 고통이 없지만, 사치스러운 음식에는 쾌락만이 아니라 본성적인 욕망을 넘어선 행위로 인한 고통이 수반된다. 따라서 에피쿠로스는 플라톤이 추구한 쾌락은 참된 쾌락이 아니라고 말한다.

199 여기서는 육체의 고통만을 다룬다. 요지는 "평정심"('아타락시아')은 육체의 고통에 흔들리지 않고 그 고통을 이긴다는 것이다. 에피쿠로스의 용어에서 "몸"을 뜻하는 '소마'(σώμα)는 물질적 존재인 혼(ψυχή, '프쉬케')을 포함하는 개념이고, "육체"로 번역된 '사르크스'(σάρξ)는 혼을 제외한 인간의 육신을 나타내는 개념이다.

200 에피쿠로스는 "네 가지 치료약"을 제시한 후에 행복한 삶, 즉 "쾌락의 삶"의 세 가지 특질인 사려 깊음, 아름다움, 정의로움을 제시한다. "아름다움"은 모든 미덕을 갖춘 삶을 가리키고, "정의로움"은 본성과 일치하는 삶을 가리킨다.

다. 그렇게 되었을 때 우리는 쾌락의 삶에 도달할 수 있다.[201]

7. 어떤 사람들은 자신을 지켜주고 안전하게 해주리라 생각해 명예를 얻고 칭송을 받고자 했다.[202] 그렇게 하여 명성을 얻고 존경받는 사람들의 삶이 안전하다면, 그들은 본성적인 선을 얻은 것이다. 하지만 그들의 삶이 안전하지 않다면, 처음에 자기 본성에 따라 얻으려던 것을 얻지 못한 것이다.

8. 어떤 쾌락도 그 자체로는 나쁘지 않다. 하지만 어떤 쾌락들을 만들어내는 것은 쾌락보다 훨씬 더 많은 괴로움을 가져온다.[203]

9. 만일 모든 쾌락이 두텁게 축적되어 우리 본성 전체 또는 그 142
중에서 가장 중요한 부분에 상당 기간 존재하게 된다면, 쾌락들은 서로 차이가 없게 될 것이다.[204]

10. 만일 방탕한 사람들에게 쾌락을 만들어주어 천체 현상과 죽음과 고통을 생각할 때 생기는 고통을 해결하게 하고, 또한 욕망의 한계를 가르쳐준다면, 우리는 그것을 비난하거나 책망할 이유가 전혀 없다. 그런 경우에 이 모든 것에서 생기는 쾌락이 그들을 가

---

201 경구 5~6은 밀접하게 결합되어 있다. 앞에서 말한 쾌락의 삶을 위해 가장 먼저 필요한 것은 남의 괴롭힘에서 벗어나는 것이다.

202 "칭송을 받고자"로 번역한 '페리블렙토스'(περίβλεπτος)는 사람들이 사방에서 우러러보는 것을 의미하고 이것은 공적인 삶에서 행복을 찾으려는 시도다. 에피쿠로스는 공적인 삶은 본성적인 선을 얻게 하는 것이 아니라, 도리어 방해한다고 본다. "명성을 얻고"로 번역한 '엔독소스'(ἔνδοξος)는 명예와 영광을 얻는 것을 뜻한다.

203 경구 8~10은 쾌락에 관한 것이다.

204 에피쿠로스는 지속 기간, 영향의 범위, 영향이 미치는 부분에 따라 쾌락에 서로 질적 차이가 있다고 말한다. 반면에 견유학파에서는 모든 쾌락은 서로 차이가 없고, 각각의 쾌락은 동일한 쾌락을 준다고 가르쳤다. 그래서 에피쿠로스는 지속 기간, 영향의 범위, 영향이 미치는 부분에서 모든 쾌락이 동일하다면, 쾌락 간의 차이는 없다고 말한다.

득 채우게 되고, 몸의 고통과 마음의 괴로움이라는 악은 그들에게 전혀 없게 되기 때문이다.[205]

11. 만일 우리가 천체 현상과 죽음에 관해 지니는 의구심들이나, 고통과 욕망의 한계를 알지 못한다는 사실이 우리 마음을 전혀 어지럽히지 않는다면 우리는 자연학을 할 필요가 없을 것이다.

143 12. 우주 전체의 본질을 알지 못하고, 신화들이 말해주는 것에 대해 의구심[206]을 품고 살아간다면, 가장 중요한 것과 관련된 두려움에서 벗어날 수 없다. 그래서 자연학 없이는 온전한 쾌락을 얻을 수 없다.

13. 지구 위와 아래에서 일어나는 일들 그리고 무한한 우주에서 일어나는 일들에 대해 의구심을 지니고 있다면, 사람들로부터 안전하다고 해도 전혀 유익이 되지 않는다.[207]

14. 사람들로부터의 안전은 그러한 공격을 막아주는 어떤 힘이나 부로써 어느 정도 얻을 수 있지만, 가장 온전한 형태의 안전은

---

205 경구 10~13은 서로 결합되어 있다. 에피쿠로스는 마음대로 먹고 마시고 성애를 즐김으로써 오는 쾌락, 즉 육체적인 쾌락은 쾌락의 삶을 위한 필수조건인 "네 가지 치료책"을 제공하지 않는다고 말한다.

206 신화들은 원래 사람들에게 신들에 대한 두려움을 불러일으킬 목적으로 쓰인 것이다. 따라서 불멸의 축복받은 신들이 우리 생각에 어울리지 않는 일을 하는 것으로 묘사하는 신화들은 사람들에게 "의구심"을 품게 한다. 하지만 사람들은 자연학에 대한 정확한 지식이 없으므로 의구심이 있더라도 두려움 속에서 살아간다. "온전한"으로 번역한 '아케라이오스'(ἀκέραιος)는 불순물이 전혀 섞이지 않은 순수한 것을 의미하므로, 여기에서 "온전한 쾌락"은 고통이 전혀 들어 있지 않은 쾌락이다.

207 경구 13은 경구 10~13과 경구 6~7을 이어주는 연결고리이고, 경구 14는 다시 경구 6~7의 주제로 돌아간다. 우주에 대한 지식과 사람들로부터의 안전은 평정심('아타락시아')을 위해 필수적이므로, 어느 한쪽만 있어서는 참된 쾌락에 도달할 수 없다.

많은 사람에게서 물러나 고요히 사는 것으로 얻는다.

15. 본성이 원하는 부는 한계가 정해져 있고 쉽게 얻는다면, 공 144
허한 생각들이 원하는 부는 무한대로 뻗어나간다.[208]

16. 현자에게는 운이나 우연[209]이 끼어들어 영향을 미치는 일은 드물다. 현자의 생애 전 기간에 걸쳐 가장 크고 가장 중요한 일들은 이성이 주도해왔고 주도하고 있으며 주도하게 될 것이다.

17. 정의로운 사람은 고통과 괴로움에서 벗어난 삶을 살지만, 불의한 사람은 고통과 괴로움으로 가득한 삶을 살아간다.

18. 일단 결핍으로 인한 고통이 제거되면, 육체적인 쾌락은 증가하지 않고, 단지 형태만 바뀐다. 반면에 정신적인 쾌락은 우리 지성이 쾌락과 정신에 가장 큰 두려움을 가져다주는 것이 무엇인지 이해했을 때 그 한계에 도달한다.[210]

19. 이성에 근거해 쾌락의 한계를 계산해보면, 무한한 시간과 145
유한한 시간에서 쾌락의 크기는 동일하다.

20. 육체로는 쾌락의 한계가 무한하며, 무한한 쾌락을 얻으려면 무한한 시간이 필요하다고 인식한다. 하지만 지성이 육체의 목적과 한계[211]를 이성적으로 이해하고, 영원에 대한 두려움을 해소해

---

208 "본성이 원하는 부"는 본성적인 욕망이 원하는 부이고, "공허한 생각들이 원하는 부"는 본성적이지 않은 욕망이 원하는 부이다.

209 '튀케'(τύχη)는 "운" 또는 "우연"을 가리키지만, 이 둘은 밀접하게 연결되어 있으므로, "운이나 우연"으로 번역했다. "끼어들어 영향을 미치다"라고 번역한 '파렘핍토'(παρεμπίπτω)는 슬그머니 끼어드는 것을 가리킨다.

210 "육체적인 쾌락"은 (본성적인 욕망이 충족되지 않은) 결핍으로 인한 모든 고통이 제거되면 극대화되는데, 이것을 '아포니아'(ἀπονία, 고통의 부재)라고 한다. 정신적인 쾌락은 지성에 따른 바른 지식을 통해 쾌락의 한계를 알고, 모든 두려움이 제거되었을 때 극대화되는데, 이것을 '아타락시아'(αταραξία, 마음 소란의 부재, "평정심")라고 한다.

완전한 삶을 얻게 해주면, 무한한 시간은 더 이상 필요하지 않게 된다. 그럼에도 지성은 쾌락을 피하지도 않고, 삶을 떠나야 할 시간이 되었을 때도 마치 최고의 삶에 도달하기에는 아직 시간이 부족해 아쉽다는 듯이 떠나지도 않는다.

146 21. 삶의 한계를 깨달은 사람은 결핍에 따른 고통을 제거하고 삶 전체를 완전하게 하는 것이 어렵지 않다는 것을 안다. 그래서 남과의 치열한 경쟁을 통해 무엇을 얻으려는 행위를 할 필요가 없다.[212]

22. 우리는 인생의 목적을 알고, 감각에 근거한 분명한 것에 비추어 우리의 모든 생각을 이성적으로 잘 판단해보아야 한다. 그렇게 하지 않으면 모든 것이 불확실성과 혼란으로 가득하게 된다.[213]

23. 모든 감각을 거부한다면, 당신은 모든 감각은 거짓이라고 말할 수 있는 판단 근거도 갖지 못하게 된다.[214]

---

211 "육체의 목적"은 '아타락시아'(평정심)에 기여하는 것이고, 그 자체가 목적은 아니다. "육체의 한계"란 육체는 '아포니아'(결핍으로 인한 고통의 부재)에 도달할 수만 있을 뿐 그 이상으로 '아타락시아'를 만들어낼 수는 없다는 것이다.

212 이 경구는 경구 18~19와 경구 7과 15를 결합한 것이다. "삶의 한계"는 쾌락의 한계를 가리킨다. "남과의 치열한 경쟁"으로 번역한 '아곤'(ἀγών)은 제전이나 축제 같은 공적 집회에서 우승하기 위해 다투는 것을 가리킨다.

213 "인생의 목적"은 행복이고, 행복은 '아타락시아'에 있다. "감각에 근거한 분명한 것"(ἐνάργεια, '에나르게이아')만이 모든 참과 거짓의 판단 기준이다. "불확실성"으로 번역한 '아크리시아'(ἀκρισία)는 무엇이 참이고 무엇이 거짓인지를 분별하지 못하는 것을 뜻하고, "혼란"으로 번역한 '타라케'(ταραχή)는 '아타락시아'의 반대로 두려움, 불안, 의구심, 괴로움같이 마음을 어지럽히는 모든 것을 뜻한다.

214 인간의 모든 판단의 기준은 "감각"에 따른 직접적이고 분명한 인지다. 일차적으로는 무엇이든 직접 눈으로 보고 확인하는 것만 참의 기준이 될 수 있다고 에피쿠로스는 강조한다. 하지만 그렇게 할 수 없는 것이 있으므로 일치, 유추, 비교, 종합 같은 부차적인 기준이 생긴다.

24. 감각으로 인지한 어떤 것이 확증을 기다리는 견해인지 아니면 감각이나 느낌에 따라 이미 확정된 것인지 아니면 지성에 주어진 인식인지를 구별하지 않고[215] 무조건 감각을 거부하는 것은 근거 없는 견해에 따라 모든 감각을 혼란에 빠뜨리는 것과 같고, 모든 판단 근거를 거부하는 일이다. 지성의 견해들 중에 확증을 기다리는 것과 확증을 기다리지 않는 것을 둘 다 참으로 받아들이면, 참인 것과 거짓인 것을 판단할 때마다 언제나 지성 속에서 논란이 끊이지 않을 것이므로 속아넘어가는 것을 피할 수 없다. 147

25. 선택과 회피를 해야 할 각 사례에서 당신의 행동 각각의 근거를 인간 본성에 근거한 목적[216]에 두지 않고, 다른 목적에 둔다면, 당신의 행동들은 스스로 세운 원칙을 따르지 않게 될 것이다. 148

26. 충족되지 않더라도 고통을 일으키지 않는 욕망들은 필수적인 욕망이 아니어서, 얻기가 어렵거나 해악을 낳으리라고 생각된다면 쉽게 해소된다.

27. 일생 행복하기 위해 지혜가 마련해야 할 것 중에서 가장 중요한 것은 사랑[217]을 얻는 것이다.

28. 영원히 또는 오랜 시간 두려워해야 할 것은 아무것도 없다는 것을 진정 깨닫게 되면, 우리는 담대해질 뿐 아니라, 유한한 인생에서 사람들로부터 우리를 안전하게 해주는 데 사랑이 가장 크

---

215 외부 대상은 감각에 따른 인지와 지성에 따른 인식으로 확정된다. 이렇게 해서 확정되지 않는다면 확증이나 반증이 있을 때까지 기다린다. 외부 대상 중에서 대부분은 감각에 따른 인지를 토대로 확정되지만, 아주 미세한 입자로 이루어진 유체들('에이돌론')은 지성으로 곧바로 들어가 심상을 만들어내고 확정된다.

216 "인간 본성에 근거한 목적"이란 '아노니아'(몸의 고통의 부재)와 '아타락시아'(마음의 평정)로 이루어지는 완전한 쾌락을 가리킨다.

게 이바지한다는 것도 알게 된다.[218]

149 29. 욕망 중에서 어떤 것은 본성적이고 필수적이며, 어떤 것은 본성적이지만 필수적이지는 않으며, 어떤 것은 공허한 생각에서 생긴 것이어서 본성적이지도 않고 필수적이지도 않다. 〔에피쿠로스는 목마를 때 음료를 마시는 것처럼 고통을 해소하는 욕망을 본성적이고 필수적인 욕망이라고 생각하고, 본성적이지만 필수적이지 않은 욕망은 진수성찬을 먹듯 고통을 제거하지는 않고 단지 쾌락을 다채롭게 해주는 욕망이라고 생각했다. 본성적이지도 않고 필수적이지도 않은 욕망은 왕이 되려는 욕망이나 사람들이 자기를 기려 동상을 세워주길 바라는 욕망 같은 것이라고 여겼다.〕

30. 본성적이긴 하지만 충족되지 않더라도 고통을 가져오지 않는 욕망을 충족하고자 애쓰는 것도 공허한 생각에서 나온다. 따라서 이런 욕망이 해소되지 않는 것은 이것이 본성적이기 때문이 아니라, 인간의 공허한 생각 때문이다.

150 31. 본성적인 정의(正義)는 서로 해를 끼치거나 해를 입지 않기 위해 서로의 이득을 목적으로 한 협약이다.[219]

32. 서로 해를 끼치거나 해를 입지 않기 위해 협약을 맺을 수 없

---

217 일반적으로 '우정'으로 번역되는 '필리아'(φιλία)는 앞에서도 말했듯 우정보다 훨씬 폭넓은 개념으로, 우리말로는 "사랑"이라고 하는 것이 더 어울린다. 하지만 "사랑"은 너무 포괄적이고 막연한 개념이어서 막상 이 번역어를 선택하는 것이 주저되기도 한다. 따라서 어떤 때는 "우정"으로, 어떤 때는 "사랑"으로 번역하는 것이 좋을 것 같다. 어쨌든 여기서 "사랑을 얻는 것"은 가족들, 바른 철학을 가지고 살아가는 사람들, 그 밖의 모든 사람을 사랑하고, 그들로부터 사랑을 받는 것을 뜻한다.

218 바른 지식을 통해 모든 두려움에서 벗어나게 되면, 사람들로부터의 안전이 가장 큰 문제로 대두되는데, 이때 이것을 해결하는 데 가장 큰 도움이 되는 것은 "사랑"이다. 여기서 "사랑"은 앞에 언급한 '필리아'다.

는 동물들에게는 정의로운 것도, 불의한 것도 없다. 또한, 서로 해를 끼치거나 해를 입지 않기 위한 협약을 맺을 수 없거나 맺고자 하지 않은 부족들에게도 이것은 마찬가지다.

33. 그 자체로 정의인 것은 존재하지 않고,[220] 정의는 언제 어디서나 사람들 간의 상호관계 속에서 서로 해를 끼치거나 해를 입지 않기 위해 맺는 협약이다.

34. 불의는 그 자체로 나쁜 것이 아니라, 자신의 불의한 행위가 151
발각되어 불의한 행위들을 저지를 때 정해진 벌을 받으면 어쩌나 하는 두려운 감정을 불러일으키므로 나쁜 것이다.

35. 서로 해를 끼치거나 해를 입지 않기 위해 맺은 협약을 어기고도 발각되지 않은 것이 천 번이더라도, 앞으로도 발각되지 않으리라 확신할 수는 없다. 죽는 날까지 발각되지 않을지는 알 수 없기 때문이다.

36. 일반적으로, 정의는 상호 간의 관계 속에서 서로의 이득을 위한 것이라는 데서는 모든 사람에게 동일하다. 하지만 나라마다 서로 다른 상황과 온갖 이유로 정의는 모든 사람에게 같은 것이 아니다.[221]

37. 법과 관습이 정의로운 것으로 정한 것 중에서 상호 간의 필 152
요와 관련해 이득이 된다고 증명된 것은 모두에게 동일하게 정의

---

219 에피쿠로스는 미덕들과 마찬가지로 "정의"도 쾌락을 위한 것임을 분명히 한다.

220 피타고라스나 플라톤은 "정의"에 대해 사회 관계와는 무관하게 독립적으로 존재하는 "형이상학적 실체"라고 가르쳤고, 스토아학파에서는 정의를 비롯한 미덕들은 실체를 지닌 것이라고 가르쳤다.

221 나라마다 정의가 서로 다르다는 것은 그리스 철학자들에게는 상식이었고, 도덕적 회의주의의 근거이기도 했다. 에피쿠로스는 모든 정의가 서로 다른 것이 아니고 같지만, 정의의 형태가 서로 달라지는 것뿐이라고 한다.

롭든 아니든 간에 정의로운 것이다. 하지만 법과 관습이 정의롭다고 정한 것 중에서 상호 간의 필요와 관련해 이득이 되지 않으면 더 이상 정의로운 것으로서 본성을 지니지 않는다. 그리고 어떤 이득이 있어 법과 관습이 정의로운 행동으로 정했지만 나중에 그 이득이 사라져버려 일정 기간만 정의라는 개념과 일치한다면, 공허한 말에 흔들려 혼란에 빠지지 않고 오직 분명한 사실만을 보는 사람들에게 그 행동은, 그 기간 만큼은 다른 정의로운 것 못지않게 정의롭다.[222]

153 38. 법과 관습이 정의롭다고 정한 어떤 행동이 있는데, 상황이 새롭게 변화되지 않았는데도 정의라는 개념과 일치하지 않는다고 밝혀졌다면, 그 행동은 정의롭지 않다. 그리고 법과 관습이 정의로운 것으로 정한 행동들이 상황이 바뀌어 더 이상 이득이 되지 못한다면, 그 행동들은 시민 서로 간의 관계에 이득이 되었던 동안에는 정의로웠지만, 그 후 이득이 되지 못했을 때는 정의로운 것이 아니게 된다.

154 39. 외부로부터 생기는 불안 요소를 가장 잘 통제할 수 있는 사람은 자기편으로 만들 것은 자기편으로 만들고, 자기편으로 만들 수 없는 것은 자기에게 적대적이지 않게 만든다. 하지만 이 두 가지 중 어느 쪽도 할 수 없다면 아예 관계를 맺지 않으며, 그렇게 관계를 맺지 않는 게 이득인 것을 전부 자기 삶에서 추방한다.

40. 주변 사람들로부터의 안전을 확실하게 확보한 사람들은 안

---

222 에피쿠로스는 앞의 경구에서 정의가 다양한 형태를 띠는 이유를 설명한 후에, 정의의 다양성에 대해 우리가 어떤 판단을 해야 하는지를 보여준다. 정의는 철저하게 상호 이득을 위한 협약이라는 관점이다.

전이 확실하게 보장되어 있으므로 주변 사람들과 어울려 즐겁게 살아간다. 그리고 친밀하게 지냈던 사람들 중 누군가가 자기보다 먼저 죽더라도, 그가 철저하게 동정의 대상이라도 된 것처럼 애곡하지는 않는다.[223]

---

223 이 경구는 에피쿠로스학파에 속한 사람들이 그들의 학교인 "정원"에서 살아가는 모습을 묘사하는 것 같다. 그들 중 한 명이 죽더라도, 죽음은 우리에게 아무것도 아니므로, 그 사람을 불쌍하게 여겨 애곡하는 것은 옳지 않고, 오직 친구를 잃어버린 일을 슬퍼하는 것만 옳다.

Epicurus: The Extant Remains

07

에피쿠로스 어록

1. 축복받은 불멸의 존재는 분노나 호의에 사로잡히지 않으므로 스스로 괴로움을 지니고 있지 않고 다른 존재에게도 괴로움을 끼치지 않는다. 분노나 호의 같은 것은 모두 약한 존재에게만 있기 때문이다. 〔에피쿠로스는 다른 곳에서 신들은 오직 이성으로만 인식되는데, 어떤 신들은 수적으로 서로 분명하게 구별되고, 어떤 신들은 비슷한 유체들이 이성에 인간적인 형태로 지속해서 유입됨으로써 일관되게 인식된다고 말한다.〕[224]

2. 죽음은 우리에게 아무것도 아니다. 해체된 것은 감각이 없고, 감각이 없는 것은 우리에게 아무것도 아니기 때문이다.

3. 고통은 육체에 지속해서 머물지 않는다. 극심한 고통은 가장 적은 시간 육체에 머물고, 쾌락을 뛰어넘는 육체적 고통도 여러 날 머물지 않는다. 게다가 만성적인 질병인 경우에는 육체적인 쾌락이 고통보다 더 커진다.

● 에피쿠로스 어록은 1888년에 보트케(C. Wotke)가 바티칸의 한 사본에서 발견한 에피쿠로스의 81개 경구 모음집이다. 이 사본은 14세기의 것으로, 에피쿠로스의 어록 외에도 마르쿠스 아우렐리우스를 비롯한 여러 명의 어록을 담고 있다. 이 어록은 거의 모두 에피쿠로스의 윤리 이론에 관한 것으로, 그의 여러 저작에서 가져온 것으로 이루어져 있다.

224 어록 1~3은 각각 『주요 가르침들』 1~2, 4와 동일하다.

4. 모든 육체적 고통은 무시해도 괜찮다. 극심한 고통은 지속시간이 짧고, 육체 속에 오랜 시간 머무는 고통은 약한 고통만을 일으키기 때문이다.

5. 사려 깊고 아름다우며 정의로운 삶 없이는 쾌락의 삶도 없고, 쾌락의 삶 없이는 사려 깊고 아름다우며 정의로운 삶도 없다. 예컨대 아름답고 정의로운 삶이지만 사려 깊지 않다면, 세 가지 중 어느 한 가지라도 없는 삶은 쾌락의 삶이 아니다.[225]

6. 서로 해를 끼치거나 해를 입지 않기 위해 맺은 협약을 어기고도 발각되지 않은 것이 천 번이더라도, 앞으로도 발각되지 않으리라 확신할 수는 없다. 죽는 날까지 발각되지 않을지는 알 수 없기 때문이다.

7. 나쁜 짓을 한 사람이 발각되지 않기는 어려운데, 언제까지나 발각되지 않으리라는 확신을 갖는 것은 불가능하다. 〔불의를 저지르고 발각되지 않기는 어렵고, 언제까지나 발각되지 않으리라고 확신하기는 불가능한 일이다.〕

8. 본성이 원하는 부는 한계가 정해져 있고 쉽게 얻는다면, 공허한 생각들이 원하는 부는 무한대로 뻗어나간다.[226]

9. 필연은 나쁜 것이지만, 우리가 필연적으로 그 필연 아래에서 살아가야 할 이유는 없다.[227]

10. 너는 본성적으로 죽게 되어 있고, 살날은 유한하지만, 자연에 관한 탐구를 통해 무한한 것과 영원한 것으로 올라가,[228] 현재 일들과 미래 일들과 과거 일들을 보았다는 것을 기억하라.

---

225 어록 5~6은 각각 『주요 가르침들』 5, 35와 동일하다.

226 어록 8은 『주요 가르침들』 15와 동일하다.

11. 대부분의 사람에게 아무것도 안 하는 것은 마비되어 있는 것이고, 활동하는 것은 미친 짓을 하는 것이다.[229]

12. 정의로운 사람은 고통과 괴로움에서 벗어난 삶을 살지만, 불의한 사람은 고통과 괴로움으로 가득한 삶을 살아간다.[230]

13. 법과 관습이 정의로운 것으로 정한 것 중에서 상호 간의 필요와 관련해 이득이 된다고 증명된 것은 모두에게 동일하게 정의롭든 아니든 간에 정의로운 것이다. 하지만 법과 관습이 정의롭다고 정한 것 중에서 상호 간의 필요와 관련해 이득이 되지 않으면 더 이상 정의로운 것으로서 본성을 지니지 않는다. 그리고 어떤 이득이 있어 법과 관습이 정의로운 행동으로 정했지만 나중에 그 이득이 사라져버려 일정 기간만 정의라는 개념과 일치한다면, 공허한 말에 흔들려 혼란에 빠지지 않고 오직 분명한 사실만을 보는 사람들에게 그 행동은, 그 기간 만큼은 다른 정의로운 것 못지않게 정의롭다.

14. 우리는 한 번 태어날 뿐, 두 번 태어날 수 없다. 한 번 태어

---

227 에피쿠로스는 필연과 우연을 둘 다 악으로 규정하고, 자신의 감각과 지성에 근거해 이성적으로 살아가는 것을 행복한 삶으로 보았기 때문에, 얼마든지 인간 본성에 따른 "쾌락"을 추구할 수 있다고 가르친다. 고대 로마의 스토아학파 철학자 세네카(기원전 약 4년-기원후 65년)는 에피쿠로스의 이 말을 다음과 같이 인용했다. "필연 가운데서 살아가는 것은 악이며, 그 필연 가운데서 살아가야 한다는 필연성은 없다."

228 에피쿠로스는 더해질 수도 없고 뺄 수도 없는 쾌락의 상태, 즉 신들이 누리는 쾌락의 상태인 '아타락시아'를 추구했다.

229 대중의 삶과 에피쿠로스학파 사람들의 삶을 비교한 것이다. 에피쿠로스학파 사람들은 어떤 일을 하든 하지 않든 최고의 행복의 상태인 '아타락시아' 가운데 있다.

230 어록 12~13은 각각 『주요 가르침들』 17, 37과 동일하다.

난 후에 영원히 존재할 수도 없다. 하지만 너는 시간의 주인이 아닌데도, 행복을 뒤로 미루고 우물쭈물하다가 인생을 낭비하며 우리 각자 쓸데없이 분주히 움직이다가 죽는다.

15. 우리는 자신에게 속한 것이 선하고 유익한 것이든 아니든, 남들이 칭찬하든 그렇지 않든, 우리에게 고유한 것으로 여겨 존중한다. 따라서 우리는 남들에게 고유한 것도 우리 마음에 들든 그렇지 않든 존중하는 것이 마땅하다.

16. 악을 보았을 때 의도적으로 그 악을 선택하는 사람은 아무도 없다. 사람은 더 큰 악과 비교해보았을 때 그 악이 더 선하다는 것에 이끌려 그 악을 추구한다. 〔악을 보았을 때 의도적으로 그 악을 선택하는 사람은 아무도 없다. 더 큰 악과 비교했을 때 그 악이 더 선하다는 것에 유혹되어 덫에 걸려든다.〕

17. 우리는 젊은이를 행복하다고 생각하는 것이 아니라, 제대로 살았던 노인을 행복하다고 생각해야 한다. 젊은이는 혈기왕성해서 생각이 수시로 바뀌고 우연으로 이리저리 끌려다니며 살아가는 반면, 노인은 이전에는 기대할 수 없었던 좋은 것을 안전한 곳으로 가져와서, 마치 항구에 닻을 내린 것처럼 노령에 닻을 내리고서 감사한 마음으로 회상하며 살아가기 때문이다.

18. 눈으로 보는 것, 사람들과 성적 관계를 맺는 것, 사람들과 어울리는 것이 없다면, 애욕은 사라질 것이다.

19. 그는 지난날의 좋은 것을 잊고, 오늘 노인이 되었다.

20. 욕망 중에서 어떤 것은 본성적이고 필수적이며, 어떤 것은 본성적이지만 필수적이지는 않으며, 어떤 것은 공허한 생각에서 생긴 것이어서 본성적이지도 않고 필수적이지도 않다.[231]

21. 우리는 본성을 어겨서는 안 되고, 본성에 복종해야 한다. 본

성에 복종한다는 것은 해가 되지 않는 필수적이고 본성적인 욕망은 충족시키면서, 해가 되는 욕망은 단호하게 거부하는 것이다.

22. 이성에 근거해 쾌락의 한계를 계산해보면, 무한한 시간과 유한한 시간에서 쾌락의 크기는 동일하다.[232]

23. 사랑과 우정[233]이 이득에서 시작된다고 할지라도, 모든 사랑과 우정은 그 자체로 선택할 만한 것이다.

24. 꿈은 신적인 본성을 지니고 있지 않고, 예언적인 힘도 없다. 꿈은 유체들[234]의 유입으로부터 생길 뿐이다.

25. 인생의 본성적인 목적에 비추어 평가한다면, 가난은 큰 부인 반면, 무한한 부는 큰 가난이다.[235]

26. 길게 애쓰든 짧게 애쓰든 같은 결론에 도달하게 되어 있음을 너는 알아야 한다.[236]

27. 다른 모든 일에서는 힘들여 그 일을 다 끝낸 후에야 열매가 오지만, 철학에서는 지식과 쾌락이 함께 온다. 알고 난 후에 쾌락이 오는 것이 아니라, 알자마자 동시에 쾌락이 오기 때문이다.

28. 사랑과 우정을 얻기 위해서는 너무 서둘러서도 안 되고 너

---

231 어록 20은 『주요 가르침들』 29와 동일하다.

232 어록 22는 『주요 가르침들』 19와 동일하다.

233 "사랑과 우정"은 '필리아'(φιλία)를 번역한 것이다.

234 "유체들"(εἴδωλον, '에이돌론')은 물체의 표면에서 유출되어 우리 감각과 지성에 도달해 심상을 만들어내는 아주 얇고 속 빈 물체를 가리킨다. 에피쿠로스의 인식론에서 아주 중요한 개념이다.

235 "인생의 본성적인 목적"은 "쾌락"이므로, "가난"은 사람의 본성적이고 필수적인 욕망만을 충족시켜 '아타락시아'(마음의 소란이 없는 평정 상태이자 최고의 쾌락 상태)에 도달하게 하지만, "무한한 부"는 사람의 공허한 욕망을 자극하고 충족시킴으로써 큰 고통을 일으킨다. 따라서 그런 관점에서 가난한 사람은 쾌락의 부자이나, 무한한 부를 지닌 사람은 쾌락에서 가난한 자다.

무 주저해서도 안 된다. 하지만 사랑과 우정을 위해서는 모험을 해야 한다.

29. 자연을 탐구할 때 나는 대중의 견해에 영합해서 대중에게서 자주 박수갈채를 받기보다는 아무도 내 말에 동의하지 않더라도 모든 사람에게 이득이 되는 것을 솔직하게 밝히겠다.

30. 어떤 사람들은 살아가는 데 필요한 것을 준비하느라 일생을 바친다. 우리는 모두 태어날 때 죽음의 약을 마셨다는 것을 모르기 때문이다.[237]

31. 다른 모든 것에 대해서는 안전을 확보하는 것이 가능하다. 하지만 우리는 모두 죽음을 막아낼 수 없는 도시 속에서 살아가고 있다.

32. 현자를 공경하는 것은 그렇게 하는 사람에게 큰 이득이다.

33. 육체는 굶주림, 목마름, 추위로부터 구해달라고 아우성친다. 어떤 사람이 이런 것에서 안전을 확보하고 있거나 그렇게 할 희망이 있다면, 그는 행복 면에서 제우스와 다툴 만하기 때문이다.

34. 사랑하는 사람들[238]이 우리를 실제로 돕는 것보다 그들이

---

236 "애쓰다"로 번역한 '쉰테이노'(συντείνω)는 애쓰고 분투한다는 뜻으로, 여기서는 어떤 것에 대해 공들여 탐구하는 것을 가리킨다. 이런 탐구는 이성적 논변을 따라 행해지므로, 거기서 나오는 결론들은 근거 없는 견해들일 뿐이다. 감각적 인지와 지성적 인식에 따른 "분명한 증거들"(ἐνάργημα, '에나르게마')에 의해 참과 거짓은 이미 확정되어 있고, 거기에 어떤 견해를 더한다고 해서 참이 되는 것은 아니기 때문이다.

237 사람들은 자기에게 주어진 삶에서 완전한 행복을 얻어 누리려고 하기보다는, 신화와 종교에서 말하는 영생이 있다고 믿고, 그 영생을 준비하는 데 평생을 바친다. 에피쿠로스는 최고의 쾌락과 행복인 '아타락시아'(마음의 평정)에 도달하여 누리는 데는 지금 주어진 시간으로 충분하므로, 영원한 시간을 바랄 필요도 없고, 그리고 사실 영생은 없다고 가르친다.

우리를 도울 것이라는 믿음이 우리에게 득이 된다.

35. 우리는 가지지 않은 것을 바라다가 가진 것까지 망쳐서는 안 되고, 우리가 지금 가진 것도 전에 우리가 바라던 것이었음을 생각해야 한다.

36. 에피쿠로스의 삶은 다른 사람들의 삶과 비교했을 때 온순함과 자족이라는 면에서 전설이라 할 수 있다.[239]

37. 인간의 본성은 선에는 약하지 않지만 악에는 약하다. 쾌락은 인간의 본성을 구원하는 반면, 악은 인간의 본성을 해체하기 때문이다.[240]

38. 삶을 포기하기 위한 그럴듯한 변명을 많이 가진 사람은 정말 형편없는 사람이다.

39. 모든 일에서 끊임없이 도움을 구하는 사람도 친구가 아니고, 도움과 우정은 아무 상관이 없다고 생각하는 사람도 친구가 아니다. 전자는 우정의 대가로 이득을 얻으려는 것이고, 후자는 미래에 대한 기대를 파괴하기 때문이다.

40. 모든 것이 필연에 따라 생긴다고 말하는 사람은 모든 것이 필연에 따라 생기는 것이 아니라고 말하는 사람을 결코 반박할 수

---

238 "사랑하는 사람들"로 번역한 단어는 '필로스'(φίλος)이고, '필로스'는 가족, 친지, 친구같이 나를 사랑하는 모든 사람을 가리킨다.

239 이것은 에피쿠로스의 후계자였던 헤르마르코스의 말일 가능성이 있다. "온순함"(ημερότητα, '헤메로테타')은 거스름이 없는 것이고, "자족"(αυτάρκεια, '아우타르케이아')은 본성적이고 필수적인 모든 욕망이 충족된 상태에서 그 밖의 다른 공허한 욕망이 없어 어떤 욕망에도 노예가 되지 않은 상태다. 따라서 "자족"을 이룬 사람에게서는 (욕망이 채워지지 않은) 결핍에서 나오는 공격성이 없으므로 "자족"에서 "온순함"이 나온다.

240 인간의 본성은 선을 흡수하면 강해지지만, 악을 흡수하면 약해져 분해되고 만다.

없다. 후자가 하는 말도 필연에 따라 생긴 것이라고 말해야 하기 때문이다.[241]

41. 우리는 웃으면서 철학해야 하고, 가사를 돌보는 일을 하며 우리의 다른 능력을 발휘하면서 바른 철학의 목소리를 끊임없이 내야 한다.

42. 최고의 선은 생기자마자 큰 이득을 누릴 수 있다.

43. 돈을 사랑하는 것은 불의할 때는 불경스러운 일이고, 정의로울 때는 수치스러운 일이다. 아무리 정의로운 것이라고 해도 돈을 사랑하여 인색하다면 비루한 것이기 때문이다.

44. 현자는 살아가는 데 필수적인 것으로만 살아가기 때문에 받는 것보다는 나눠주는 것을 더 잘 안다. 현자가 발견한 자족은 지극히 큰 보물이다.

45. 자연학을 연구하는 사람은 많은 사람과 경쟁하는 자들과는 달리 자랑하거나 허세를 부리거나 자기 교양을 과시하지 않고, 당당하고 자족하며, 자기가 가진 것이 아니라 자기 안에 있는 선한 것을 소중히 여긴다.[242]

46. 우리에게 나쁜 습관들이 있다면, 그것들을 마치 우리에게 오랜 시간 큰 해악을 끼쳐온 악한 자들인 것처럼 여겨 완전히 몰아내자.

47. 운[243]이여, 나는 너를 대비해왔고, 너의 모든 은밀한 공격에

---

241 원자론을 체계화한 자연철학자였던 데모크리토스는 필연을 강조했다면, 에피쿠로스는 자유의지를 강조했다. 자유의지를 부정하고 모든 것을 필연이라고 하면, 서로 모순되는 것을 둘 다 필연이라고 해야 하는 모순이 생긴다.

242 에피쿠로스는 오만함과 겸손함을 대비시키는 것이 아니라, 허세나 과시를 내적 자신감이나 당당함과 대비시킨다.

서 나를 지켜왔다. 나는 너나 다른 어떤 환경에 나를 넘겨주지 않을 것이다. 하지만 떠날 때가 되면, 우리는 삶과 그 삶에 헛되이 집착하는 사람들에게 경멸의 침을 뱉고, 잘살았다고 승전가를 소리 높여 부르며 떠날 것이다.

48. 우리가 여행길에 있다면, 이 여행에서 이전보다는 이후를 더 낫게 만들려고 애써야 하지만, 여행의 끝에 이르렀을 때는 즐거워야 한다.

49. 우주 전체의 본질을 알지 못하고, 신화들이 말해주는 것에 의구심을 품고 살아간다면, 가장 중요한 것과 관련된 두려움에서 벗어날 수 없다. 그래서 자연학 없이는 온전한 쾌락을 얻을 수 없다.[244]

50. 어떤 쾌락도 그 자체로는 나쁘지 않다. 하지만 어떤 쾌락들을 만들어내는 것은 쾌락보다 훨씬 더 많은 괴로움을 가져온다.

51. 육체의 충동이 당신을 애욕에 빠지게 한다고 당신은 내게 말한다. 법이나 관습을 어기지도 않고, 이웃에게 피해를 주지도 않으며, 육체에 해를 입히거나 삶에 필수적인 것을 낭비하지도 않는다면, 당신은 자신이 원하고 끌리는 대로 하라. 하지만 애욕이 이런 것 중 어느 것과도 부딪치지 않을 가능성은 없다. 애욕은 사람

---

243 여기서 "운"으로 번역한 단어는 앞에서 말한 '튀케'(τύχη)이다. '튀케'는 신이 정한 행운과 불운이어서, 인간 입장에서는 자신의 의지와는 무관하게 일어나는 "우연"이라고 할 수도 있고, 인간 의지로는 어쩔 수 없는 "필연", 즉 "운명"이라고 할 수도 있다. 에피쿠로스는 이 "운"을 신들이 정한다는 것과 인간 삶을 주관하고 좌우한다는 것을 철저히 부정하고, "운"은 인간의 자유의지를 촉발하는 시작점일 뿐이어서 인간의 삶에 결정적인 영향력을 행사하지 못한다고 가르친다.

244 어록 49-50은 각각 『주요 가르침들』 12, 8과 동일하다.

에게 전혀 이롭지 않기 때문이다. 애욕에 해를 입지 않았다면 운이 좋은 것이다.

52. 사랑[245]은 춤을 추면서 온 세상을 돌아다니며 우리 모두에게 행복한 삶으로 깨어나라고 외친다.

53. 아무도 시기하지 말라. 선한 자들은 시기해서는 안 되고, 악한 자들은 성공하면 할수록 자멸하기 때문이다.

54. 우리는 철학하는 체해서는 안 되고, 진정으로 철학해야 한다. 우리에게 필요한 것은 건강하게 보이는 것이 아니라 진정으로 건강한 것이기 때문이다.[246]

55. 우리는 한 번 일어난 일은 무효화할 수 없다는 것을 인정하고, 감사함을 통해 지난날의 잘못을 치유해야 한다.

56. 현자는 자기가 고문받는 것보다 사랑하는 사람이 고문받는 것을 더 고통스러워한다.

57. 현자는 사랑하는 사람을 위해 죽을 수 있다. 사랑하는 사람을 배신한다면, 삶 전체가 자신의 변절로 혼란스러워지고 엉망진창이 되고 말 것이기 때문이다.

58. 우리는 일상의 반복되는 일과 공적인 일에 대한 예속에서 자신을 해방시켜야 한다.

59. 많은 사람이 말하는 것과는 달리, 우리 위가 만족하지 못하는 게 아니라, 위를 무한히 채워주어야 한다는 거짓된 견해에 만족

---

245 "사랑"으로 번역한 단어는 '필리아'(φιλία)다. '필리아'는 사람을 사랑하는 것이다. 에피쿠로스는 한편으로는 사람들로부터 안전을 행복한 삶의 필수조건으로 강조하지만, 다른 한편으로는 사람을 사랑하는 것이야말로 행복한 삶의 든든한 버팀목임을 강조한다.

246 "철학하는" 것은 병든 몸과 마음을 치유하는 것과 같다.

하지 못하는 것이다.

60. 모든 사람은 마치 방금 태어난 것처럼 세상을 떠난다.

61. 가장 아름다운 것은 이웃을 처음 보고서 한마음이 되거나 한마음이 되려고 무척 애쓰는 모습이다.

62. 부모가 정당한 이유로 자녀들에게 화를 낼 때, 거기에 맞서 싸우는 일은 분명 어리석은 짓이다. 하지만 부모가 부당하고 근거 없이 화를 낼 때 항의하고 도발해 비이성적인 분노에 사로잡혀 있는 부모의 화를 더욱 돋우는 것은 조롱받을 만한 짓이다. 그런 때는 호의로 대하여 그 분노를 다른 곳으로 돌리려고 해야 한다.

63. 검소한 것에도 한계가 있다. 이것을 무시하는 사람은 그 지나침으로 잘못을 저지르는 사람이 겪는 일을 겪는다.[247]

64. 다른 사람들의 칭찬은 절로 나와야 하고, 우리는 자신을 치유하는 데 집중해야 한다.

65. 사람이 스스로 마련할 수 있는 것을 신들에게 구하는 것은 어리석은 일이다.

66. 애곡이 아니라 추모를 통해 사랑하는 죽은 사람들에 대한 우리 감정을 드러내보이자.

67. 자유로운 삶은 큰 부를 얻을 수 없다. 대중이나 권력자들에게 예속된 삶을 살지 않고 큰 부를 얻기는 쉽지 않기 때문이다. 하지만 자유로운 삶을 사는 사람은 자신에게 필요한 모든 것을 이미 충분히 소유하고 있다. 그리고 운이 좋아 큰 부를 얻게 된다면, 그

---

247 금욕은 육체의 본성적이고 필수적인 욕망조차 충족시켜주지 않음으로써 결핍과 고통을 불러일으켜 '아포니아'(몸 고통의 부재)에 도달하지 못하게 한다는 점에서 과욕이나 방탕만큼 해롭다.

부를 이웃들에게 나눠 주어 그들의 호의를 얻기도 쉽다.

68. 충분한 것을 적다고 하는 사람에게는 어떤 것도 충분하지 않다.

69. 감사할 줄 모르는 마음은 우리에게 무한히 변화하는 삶을 원하게 만든다.[248]

70. 당신의 삶 속에서 이웃들이 알게 될까 봐 두려워하게 될 그런 일은 하지 말라.

71. 욕망에 직면할 때마다 이렇게 질문하라. 이 욕망이 이루어진다면 내게 어떤 일이 벌어질까? 이 욕망이 이루어지지 않는다면 내게 어떤 일이 벌어질까?

72. 지구 위와 아래에서 일어나는 일들 그리고 무한한 우주에서 일어나는 일들에 대해 의구심을 지니고 있다면, 사람들로부터 안전하다고 해도 전혀 유익이 되지 않는다.[249]

73. 몸에 어떤 고통을 겪게 되면, 그 고통과 비슷한 다른 고통으로부터 자신을 지키는 데 도움이 된다.

74. 학문적인 토론을 할 때 그 토론에서 지는 사람이 더 큰 이득을 얻는다. 그는 더 많은 것을 배우기 때문이다.

75. 긴 인생의 끝을 대비하라고 하는 말에는 지나간 날들에 있었던 좋은 일들에도 감사하지 말라는 뜻이 담겨 있다.

76. 너는 너 자신을 위해 철학하는 것과 그리스를 위해 철학하는 것의 차이를 알고 있고,[250] 내가 네게 조언한 대로 나이가 들었

---

248 "감사할 줄 모르는 마음"은 자족하지 않는 마음이다. 자족하지 않으면 무한히 뻗어 나가려고 하는 욕망들에 사로잡혀 그 욕망의 노예로 살아갈 수밖에 없다.

249 어록 72는 『주요 가르침들』 13과 동일하다.

으므로, 나는 너를 보면 기쁘다.

77. 자족의 가장 큰 열매는 자유다.

78. 고귀한 사람은 지혜와 사랑을 가장 중시한다. 지혜는 사멸하는 선이고, 사랑은 불멸의 선이다.[251]

79. 평정심을 지닌 사람은 자기 자신에게나 다른 사람에게나 괴로움을 불러일으키지 않는다.[252]

80. 젊은이가 구원받기 위해 할 일은 자신의 젊음을 감시해서, 광분하는 욕망 때문에 모든 것을 망치지 않도록 하는 것이다.

81. 가장 큰 부를 소유하거나, 대중으로부터 명예를 얻고 존경을 받거나, 그 밖의 다른 끝없는 욕망과 관련된 무수히 많은 원인에 따라 생기는 어떤 것으로도 마음의 소란은 제거되지 않고 진정한 기쁨을 얻을 수도 없다.[253]

---

250 소크라테스, 플라톤, 아리스토텔레스의 철학은 "그리스"라는 국가와 공동체적인 미덕들을 전제로 행복을 추구하는 철학이라면, 에피쿠로스는 철저하게 개인적이고 실존적인 철학을 추구한다. 그래서 그는 공적인 것은 행복을 강화하는 것이 아니라, 도리어 방해한다는 것을 누누이 강조한다.

251 "고귀한"(γενναίος, '겐나이오스')은 "훌륭한 혈통을 타고난"이라는 뜻으로, 여기서는 바른 철학을 하는 사람을 가리킨다. "지혜"(σοφία, '소피아')는 만물과 만사에 관한 진실을 아는 것이고, "사랑"(φιλία)는 사람들을 진정으로 아끼고 사랑하는 것이다. 이 두 가지는 인간의 본성적인 행복에 없어서는 안 되는 두 축이지만, "지혜"는 "사랑"을 위한 발판이다.

252 "평정심"(αταραξία, '아타락시아')에 도달한 사람은 공격성이 없어서 자기 자신에게나 다른 사람에게 해를 끼치지 않는다.

253 "마음의 소란"(ψυχῆς ταραχὴν, '프쉬케스 타라켄')을 제거한 것이 '아타락시아'이다.

Epicurus: The Extant Remains

08

에피쿠로스 저작들의 단편

『선택과 회피』

1. 평정심과 고통에서의 해방이 정적인 쾌락들이라면, 기쁨과 환희는 운동에 따른 동적인 쾌락들이다.[254]

『문제들』

2. 발각되지 않을 것을 안다면, 현자는 법과 관습으로 금지된 일을 행할까? 이 질문에 대한 대답은 찾기 쉽지 않다.[255]

『소요약집』

3. 예언이라는 것은 있지 않고, 설령 존재한다고 해도 예언이

● 에피쿠로스 저작들의 단편은 독일의 어원학과 비교종교학 분야의 학자 헤르만 카를 우제너(Hermann Karl Usener, 1834-1905)가 1887년에 쓴 『에피쿠레아』(*Epicurea*)에 수록된 것이다. 이 저작은 에피쿠로스에 대한 근대와 현대의 모든 연구의 토대가 된다. 우제너는 그리스어와 라틴어로 된 모든 고전 문헌을 광범위하게 조사하여 에피쿠로스의 저작을 인용한 문구들을 모두 모아 이 저작에 수록해놓았다. 시릴 베일리(Cyril Bailey)는 *Epicurus: The Extant Remains*에 그중에 그리스어로 된 것을 수록해놓았는데, 이 단편은 이것을 번역했다.

254 "평정심"('아타락시아')과 "고통에서의 해방"('아포니아')은 쾌락의 두 축이다. 디오게네스 라에르티오스(x. 136)에 나온다.

255 이 단편은 플루타르코스의 글에 나온다. 이런 질문이 나온 이유는, 사람들이 법과 관습으로 금지된 일, 즉 불의를 하지 않는 이유는 발각될 것이라는 두려움이 있어서라고 에피쿠로스가 말했기 때문이었다.

말하는 것은 우리에게 아무런 의미가 없다.[256]

『테오프라스토스를 반박함』

4. 그러나 이 논증과는 상관없이, 과연 어둠 속에 있는 사물이 색을 지니고 있다고 말해야 하는지 나는 알지 못한다.[257]

『향연』

5. 폴리아이노스. 에피쿠로스여, 당신은 포도주에 의해 열기가 발생한다는 것에 동의하지 않는가?

〔대화에 끼어든 어떤 사람〕. 포도주가 무조건 열기를 발생시키는 것 같지는 않다.

〔조금 후에 에피쿠로스〕. 포도주가 무조건 열기를 발생시키는 것이 아니라, 특정 분량의 포도주가 특정한 사람에게서 열기를 발생시키는 것으로 보인다.

6. 따라서 우리는 술이 무조건 열기를 발생시킨다고 해서는 안 되고, 특정 분량의 포도주가 특정 상태에 있는 특정한 사람에게서 열기를 발생시키고, 특정 분량의 포도주는 특정 상태에 있는 특정한 사람에게는 냉기를 발생시킨다고 말해야 한다. 포도주라는 합성물 속에는 필요한 경우에 다른 입자들과 결합해 냉기를 만들어내는 구조를 형성하는 입자들이 있기 때문이다. 따라서 포도주가 무조건 열기나 냉기를 발생시킨다고 말하는 것은 거짓이다.

---

256 이 단편은 디오게네스 라에르티오스(x. 135)에 나온다.

257 에피쿠로스는, 원자들이 색을 지니고 있지 않지만 어떤 물체를 구성하는 원자들의 배열과 운동에 의해 색이 생긴다고 말했다.

7. 포도주는 몸 안에 들어가더라도 몸에 열기나 냉기를 발생시키는 힘을 발휘하지 않는 경우가 많다. 하지만 원자들의 구조가 흐트러지거나 원자 재배열이 일어나면, 어떤 때는 열기를 만들어내는 원자들이 결집해 몸에 열기와 화끈거리는 느낌을 주고, 어떤 때는 열기를 만들어내는 원자들이 떨어져나가 몸을 차갑게 만든다.[258]

8. 애욕은 사람에게 전혀 이롭지 않다. 애욕에 의해 해를 입지 않았다면 운이 좋은 것이다.[259]

9. 당신 자신이 말하듯, 수사학에서 모든 동시대인, 심지어 경험 많고 유명한 사람들보다 훨씬 뛰어난 수준에 도달하는 데 당신의 젊음이 아무런 방해가 되지 않았다는 것은 놀라운 일이다. 내가 놀랍다고 말하는 이유는 많은 연습을 통해 몸에 익힌다고 여겨지는 수사학 능력에서 당신이 뛰어난 수준에 도달하는 데 젊음이 아무런 방해가 되지 않았다는 것이다. 젊음은 사물을 있는 그대로 보는 데 방해가 될 수 있기 때문이다. 하지만 사물을 있는 그대로 인식하는 일에서 연습을 통해 몸에 익히기보다는 인식 능력이 더 영향을 미친다고 생각한다.[260]

---

258 단편 5~7은 플루타르코스가 콜로테스를 공격하는 글에 나온다. 이 내용은 『향연』에서 포도주가 인간의 몸에 끼치는 효과를 예로 들어, 합성물에서 원자의 배열 차이가 만들어내는 결과를 토론하는 장면에서 가져온 것이다. 에피쿠로스는, 포도주가 그 자체로는 뜨겁거나 차지 않지만, 열기나 냉기를 발생시킬 수 있는 입자들을 지니고 있어 사람 몸에 들어갔을 때 어떤 조건 아래에서는 열기를, 어떤 조건 아래에서는 냉기를 발생시킨다고 말한다.

259 이 단편은 디오게네스 라에르티오스(x. 118)에 나온다.

260 이 단편은 헤르쿨라네움 파피루스에 포함되어 있다. 이 파피루스는 이탈리아에 있는 베수시우스 화산이 기원후 79년에 폭발했을 때 헤르쿨라네움이라는 마을에 탄소화되어 보존된 1,800개 이상의 파피루스들로 18세기에 발굴되었다. 그중 에피쿠로스학파와 관련된 것은 44개 정도다.

『인생의 목적』

10. 맛을 통한 쾌락을 제거하고, 성애를 통한 쾌락을 제거하고, 들리는 것과 아름다운 형태를 통한 쾌락을 제거한다면, 나는 좋은 것(선)이 무엇인지를 모르겠다.[261]

11. 현재 육체의 상태가 지속해서 좋고 앞으로도 그러리라는 확실한 희망은, 이것을 바르게 계산할 수 있는 능력을 지닌 사람에게 가장 온전하고 확실한 기쁨을 준다.[262]

12. 아름다움이나 미덕들이나 그와 같은 것은 쾌락을 주는 경우에만 존중되어야 한다. 그것이 쾌락을 주지 못한다면, 그것과 결별해야 한다.

『자연학』

제1권

13. 만물의 본성은 물체들과 허공이다.

14. 존재하는 것의 본성은 물체들과 장소다.

제11권

15. 해가 거리 때문에 크기가 줄어든 것이라면, 색은 훨씬 더 희미해졌어야 한다. 해에서 거리에 따라 가장 많은 영향을 받는 것은 색이기 때문이다.[263]

---

261 이 단편은 디오게네스 라에르티오스(x. 6)에 나온다.

262 '아포니아'(몸의 고통의 부재)가 지속적이고 안정적인 몸 상태가 되었을 때, "기쁨"이 생긴다.

263 이 단편은 『피토클레스에게 보낸 서신』([91])에 대한 난외주에 나온다.

출처가 불분명한 그 밖의 단편들

16. 원자는 허공과 뒤섞이지 않는 단단한 물체이고, 허공은 감각으로 인지할 수 없는 본성을 지닌다.

17. 그들 모두를 멀리하라. 그〔나우시파네스〕[264]는 다른 많은 노예처럼 그들의 입에서 나오는 허세와 궤변으로 고생했기 때문이다.

서신 단편들

18. 이것을 기억하는 자들은 결핍과 가난이라는 재앙을 이기고 승리할 수 있다.

19. 신들과 잘 지내는 사람은 전쟁이 일어난다고 해도 두려워하지 않는다. 그런 사람은 신들의 은총으로 아내와 더불어 순수한 삶을 살아왔고 앞으로도 그럴 것이다.

20. 폴리아이노스여,[265] 내게 말하라. 우리에게 무엇이 큰 기쁨이었는지 너는 아느냐?

미틸레네의 철학자들에게 보낸 서신

21. 이것이 그를 틀어지게 해서, 비꼬는 의미로 나를 선생이라고 부르며 욕하게 만들었다.[266]

---

264 이 단편은 디오게네스 라에르티오스(x. 7, 11)에 나온다. "나우시파네스"는 데모크리토스의 제자로, 에피쿠로스는 나우시파네스를 많이 조롱했지만 실제로 그에게서 많은 것을 배우기도 했다.

265 "폴리아이노스"(기원전 약 340-285년)는 고대 그리스의 수학자로, 에피쿠로스의 친구였다. 기원전 307년 또는 306년에 에피쿠로스가 미틸레네에서 도피해 람프사코스로 와서 학교를 열었을 때 피토클레스, 콜로테스, 이도메네우스, 폴리아이노스와 교류했고, 나중에 그들과 함께 아테네로 이주해 학교를 세웠다. 폴리아이노스는 헤르마르코스, 메트로도로스와 함께 이 학교의 지도자들이었다. 그는 에피쿠로스보다 15년 일찍 세상을 떠났다.

22. 그 불평하는 자들은 내가 그 연체동물의 제자라고 믿고, 가르침을 잘 흡수하는 몇몇 젊은이들과 어울려 그의 가르침을 받았다고 믿는 것 같다. 그자는 나쁜 사람이었고, 그런 그의 성품은 결코 지혜에 도달할 수 없기 때문이다.[267]

아낙사르코스에게 보낸 서신

23. 나는, 결과들에 대한 희망과 관련해, 괴로움만을 일으키는 헛되고 어리석은 미덕들이 아니라 지속적인 쾌락들로 너를 부르는 것이다.[268]

아펠레스에게 보낸 서신

24. 아펠레스여, 네가 온갖 오염에서 벗어난 철학에 다가간 것을 축하한다.

테미스타에게 보낸 서신

25. 당신들이 내게 오지 않겠다면, 당신과 테미스타가 나를 불러주기만 한다면 그곳이 어디든 나는 삼단뛰기를 해서 달려갈 것이다.[269]

---

266 이 단편은 디오게네스 라에르티오스(x. 8)에 나온다.

267 에피쿠로스는 "나우시파네스"를 "연체동물"이라고 비꼬며 그에게서 배운 적이 없다고 말했다.

268 플라톤이나 아리스토텔레스, 특히 스토아학파에서는 미덕들을 강요하는 금욕적 삶을 가르쳤다. 반면에 에피쿠로스는 인간의 쾌락에 기여할 때만 미덕들은 선이 됨을 강조한다.

269 이 단편은 디오게네스 라에르티오스(x. 5-6)에 나온다.

이도메네오스에게 보낸 서신

26. 그러니 너 자신과 네 자녀를 위해, 우리의 신성한 몸을 보양하게 하는 것을 우리에게 보내라. 이것이 내가 생각해낸 방법이다.

27. 젊었을 때부터 내가 하라고 하는 것을 달콤한 것으로 여겨왔던 너여.

28. 피토클레스를 부자로 만들고자 한다면 그에게 더 많은 돈을 주는 것이 아니라 그의 욕망을 줄여주라.

29. 우리가 검소함을 중시하는 것은 항상 값싸고 소박한 음식을 먹으려는 게 아니라, 음식에 관한 욕망에서 벗어나기 위한 것이다.

30. 내 생애에서 축복받은 날, 임종을 앞둔 이 날에 나는 너에게 이 서신을 쓰고 있다. 배뇨 곤란과 이질로 인한 통증이 최대한도의 고통을 하나도 남기지 않고 내게 극심한 고통을 주고 있지만, 이 모든 것에도 너와 나눈 대화를 기억하면 내 마음은 기쁘다. 너는 어려서부터 나와 함께 철학을 해온 사람이니, 네가 메트로도로스의 자녀들을 돌보아주라.

콜로테스에게 보낸 서신

31. 너는 내가 그때 말했던 것에 공경하는 마음을 가지고, 나를 끌어안고 내 무릎을 붙잡고서, 사람들이 다른 사람에게 기도와 탄원을 통해 바치는 것과 같은 충성맹세의 증거를 내게 보이려고 이루 헤아릴 수 없는 충정에 사로잡혀 있었다. 그리고 바로 그런 네 모습으로 나는 숭앙과 존경의 증거를 모두 네게 되돌려줄 수 있었다. 너는 불멸의 존재로서 네 길을 계속해서 나아가고, 우리에 대해서도 불멸의 존재들로 생각하라.

레온티온에게 보낸 서신

32. 나의 주이자 구원자이신 내가 가장 사랑하는 레온티온이여, 우리는 사랑이 담긴 당신의 서신을 큰 소리로 읽으면서 환호성을 지를 수밖에 없었습니다.[270]

피토클레스에게 보낸 서신

33. 축복받은 자여, 쪽배를 띄워 모든 교양에서 도망쳐라.[271]

34. 나는 앉아서 너의 사랑스럽고 신 같은 미로를 기다리겠다.[272]

어떤 소년 또는 소녀에게 보낸 서신

35. 피토클레스, 헤르마르코스, 크레시포스와 나, 이렇게 우리는 람프사코스에 무사히 건강하게 도착했고, 거기에서 테미스타와 우리의 다른 모든 친구를 발견했다. 나는 너와 네 어머니도 잘 지내기를 바라고, 언제나 그래 왔듯 앞으로도 아버지와 어머니에게 순종하기를 바란다. 나를 비롯해 우리 모두가 너를 사랑하는 것은 네가 부모에게 언제나 순종하기 때문이라는 것을 말해주고 싶다.[273]

---

270 이 단편은 디오게네스 라에르티오스(x. 5)에 나온다.

271 이 단편은 디오게네스 라에르티오스(x. 6)에 나온다.

272 이 단편은 디오게네스 라에르티오스(x. 5)에 나온다.

273 이 단편은 에피쿠로스가 아테네로 오기 전에 살았던 소아시아 지역의 제자들을 만나러 가서, 아테네에 있는 어떤 소년 또는 소녀에게 보낸 서신 중 일부다.

말년에 쓴 서신

36. 이 서신을 쓰기 7일 전에 나는 온몸의 기능이 정지되면서, 마지막 날을 맞은 사람들이 겪는 것 같은 그런 고통을 겪었다. 내게 무슨 일이 일어난다면, 너는 4년에서 5년 동안 메트로도로스의 자녀들을 돌보거라. 하지만 네가 지금 매년 내게 쓰는 것 이상으로 그들에게 쓰지는 말라.[274]

수신자가 알려져 있지 않은 서신들

37. 나는 빵과 물로 살아갈 때 몸 안에서 생기는 쾌락 때문에 전율을 느끼고, 사치스러운 쾌락에 침을 뱉는다. 내가 그렇게 하는 것은 그 쾌락들 자체 때문이 아니라, 거기에 수반되는 불쾌감[275]때문이다.

38. 네가 떠날 때 내가 네게 말했던 것처럼, 그의 형제 아폴로도로스도 보살피거라. 그는 나쁜 아이가 아니고, 사실은 자기가 하고 싶지 않은 것을 하므로, 내가 걱정이다.[276]

39. 내가 원할 때 연회를 벌일 수 있도록, 보관해둔 치즈를 얼마간 내게 보내거라.[277]

40. 너는 내게 양식을 보내줌으로써 놀라울 정도로 후하게 나를

---

274 이 단편은 헤르쿨라네움 파피루스에 포함된 필로데모스의 저작에 나온다.

275 이 단편은 헤르쿨라네움 파피루스에 나온다. "불쾌감"으로 번역한 '뒤스케레이아'(δυσχέρεια)는 '에우케레이아'(εὐχέρεια)의 반대다. '에우케레이아'는 안 좋은 느낌이 전혀 없는 상쾌하고 편안한 것을 가리키고, '뒤스케레이아'는 무엇인가 느낌이 좋지 않고 불쾌하며 편안하지 않은 것을 가리킨다.

276 이 단편은 헤르쿨라네움 파피루스에 나온다.

277 이 단편은 디오게네스 라에르티오스(x. 11)에 나온다.

돌봐주었고, 나에 대한 네 선의를 보여주는 증거를 하늘까지 쌓을 수 있을 정도로 무수히 보여주어 왔다.

41. 내가 요구하는 유일한 도움은 … 제자들에게 지시하여 나를 북극에 사는 사람들에게라도 보내달라는 것이다. 나는 너희 두 사람에게 1년에 각각 120드라크마[278]를 받길 원하고, 그 이상은 원하지 않는다.

42. 내가 가르친 그는 반드시 거기에 상응하는 보답을 하게 될 것이다.[279]

43. 나는 결코 대중을 기쁘게 하려고 애쓰지 않았다. 내가 알고 있는 것은 그들이 느끼는 것과는 너무나 동떨어져 있어, 나는 무엇이 그들을 기쁘게 하는지를 알지 못했다.

44. 육체가 울부짖을 때 마음도 울부짖는 것을 부자연스러운 일로 생각하지 말라. 육체는 굶주림, 목마름, 추위에서 건져달라고 울부짖는다. 그런 때 마음이 그런 울부짖음을 억누르기는 어렵고, 마음은 날마다 자족을 원하므로 그러한 본성의 호소를 무시하는 것은 위험하다.

45. 본성을 따르고 공허한 견해들을 따르지 않는 사람은 모든 일에서 자족한다. 본성을 충분히 만족시킨다면 그가 가진 것은 모두 부유하지만, 끝없는 욕망과 관련해서는 아무리 큰 부조차도 부가 아니라 가난이기 때문이다.

46. 네가 어려움에 처했다면, 그것은 네가 본성을 잊어버리고서

---

278 "1드라크마"는 일용노동자가 하루 일하고 받는 품삯이었다. 일년에 "120드라크마"의 생활비는 에피쿠로스의 검소한 삶을 보여준다.

279 이 단편은 헤르쿨라네움 파피루스에 포함되어 있는 필로데모스의 저작에 나온다.

끝없는 두려움과 욕망들을 스스로 만들어내기 때문이다.

47. 우리는 한 번 태어날 뿐, 두 번 태어날 수 없다. 한 번 태어난 후에 영원히 존재할 수도 없다. 하지만 너는 시간의 주인이 아닌데도, 행복을 뒤로 미루고 우물쭈물하다가 인생을 낭비하며 우리 각자 쓸데없이 분주히 움직이다가 죽는다.[280]

48. 황금 침상에 눕고 화려한 식탁에서 먹으면서도 괴로움으로 가득한 것보다는 짚으로 만든 침상에 눕더라도 두려움에서 벗어나 있는 것이 더 낫다.

49. 나는 네 서신을 기억하고, 네가 현상과 눈에 보이지 않는 것 사이의 유비, 감각과 눈에 보이지 않는 것 사이의 조화, 그리고 …… 대비를 알지 못하는 사람들에 관해 논한 일을 기억한다.

50. 죽었으나 사랑하는 사람을 회상하는 것은 달콤하다.

51. 작은 호의를 베푸는 데 인색하지 말라. 그렇게 할 때 너는 큰 것에 대해서도 똑같이 하게 될 것이다.

52. 원수가 네게 무엇을 요청하면 그 요청을 물리치지 말라. 하지만 조심하라. 그는 개와 같기 때문이다.

출처가 불분명한 단편들

● 철학에 관한 것

53. 우리는 철학하는 체해서는 안 되고, 진정으로 철학해야 한다. 우리에게 필요한 것은 건강하게 보이는 것이 아니라 진정으로 건강한 것이기 때문이다.[281]

---

280 이 단편은 에피쿠로스의 어록 14와 동일하다.

54. 인간의 고통을 치유하지 못하는 철학자의 말은 공허하다. 몸의 질병을 몰아내지 못하는 약이 무익한 것처럼, 마음의 고통을 몰아내지 못하는 철학도 무익하기 때문이다.

55. 지나간 무한의 시간을 생각하면, 우주에서 새로운 일은 일어나지 않는다.

56. 우리가 그것을 서로 대화하는 존재가 아니라 말 못 하는 자들을 닮은 존재로 생각한다면, 그것이 더 행복하다거나 덜 파괴적이라고 생각하지 않게 될 것이다.

57. 우리는 한편으로는 가장 고귀하고 거룩한 존재인 인간과 관련된 일들에 대해 공통적으로 어떤 신념을 갖고 있는지를 놓고 고민하지 말고, 적어도 관습으로 정해져 있는 경우에는 경건하고 바르게 신들에게 제를 올리고, 법에 따라 모든 것을 바르게 행하여야 한다. 다른 한편으로는 그들의 견해와 관련해서 어떤 비난에서도 자유로워야 한다. 그렇게 할 때 사람은 본성에 따라 살아갈 수 있다.

58. 만일 신이 사람들의 기도를 들어주었다면, 모든 사람은 이미 신속하게 멸망했을 것이다. 사람들은 영원히 서로에게 재앙이 임하기를 기도하기 때문이다.

● 윤리에 관한 것

59. 모든 선의 시작과 뿌리는 위의 쾌락이다. 지혜와 교양조차도 이것에 근거해야 한다.

60. 우리가 쾌락의 부재로 고통을 느낄 때는 쾌락을 필요로 한

---

281 이 단편은 에피쿠로스의 어록 54와 동일하다.

다. 하지만 우리가 감각을 통해 정상적으로 느끼는 상태인데도 그런 고통을 느끼지 못한다면 우리에게는 쾌락이 필요하지 않다. 본성으로부터 생기는 쾌락은 악을 만들어내지 않지만, 공허한 견해나 생각들에 근거한 욕구[282]는 악을 만들어내기 때문이다.

61. 큰 악이 완전히 제거된 것만이 그 무엇도 능가하지 못하는 최고 기쁨을 만들어낸다. 그리고 이것이 선의 본질이다. 따라서 우리는 선의 본질을 바르게 이해한 후에 그 지식을 고수하고, 선에 대해 헛소리를 하고 다니지 않아야 한다.

62. 이러한 고통을 참고 견딤으로써 더 큰 기쁨을 누리는 편이 더 낫다. 더 심한 고통을 겪지 않으려면 이러한 쾌락들을 피하는 것이 좋다.

63. 우리에게 닥친 큰 재앙의 원인을 육체 탓으로 돌리지 말고, 우리의 극심한 고통에 환경 탓을 하지 말라.

64. 심한 고통은 빨리 끝나고, 지속하는 고통은 심하지 않은 법이다.

65. 지나친 고통은 너를 죽음에 이르게 할 것이다.

66. 참된 철학에 대한 사랑이 우리를 혼란스럽게 하고 괴롭게 하는 모든 욕망을 끝낸다.

67. 축복받은 본성에 감사하라. 필수적인 것은 쉽게 구할 수 있게 했으면서도, 필수적이지 않은 것은 쉽게 구할 수 없게 했기 때문이다.

---

282 "욕구"로 번역한 '오렉시스'(ὄρεξις)는 끈질기게 뻗어나가는 욕망, 즉 열망과 갈망을 가리킨다. 그리고 이 끈질긴 욕구를 만들어내는 것은 본성에 따르지 않은 공허한 생각들이다.

68. 인생의 본성적인 목적과 관련해서는 가난하면서도, 공허한 생각에서 부유한 사람은 널려 있다. 어리석은 자들은 누구나 자기가 가진 것으로 만족하지 않고, 자기가 가지고 있지 않은 것으로 괴로워하기 때문이다. 질병으로 열이 나는 사람들이 항상 가장 해로운 것에 목말라 하고 그것을 충족시키고자 하는 것처럼, 마음이 나쁜 상태에 있는 사람들은 항상 모든 것에서 가난하고 자기 탐욕을 따라 계속해서 변하는 욕망 속으로 빠져든다.

69. 작은 것에 만족하지 않는 사람을 만족시킬 수 있는 것은 아무것도 없다.

70. 자족은 모든 부 중에서 가장 큰 부다.

71. 사람들은 대부분 검소하게 사는 것을 두려워하고, 그 두려움 때문에 두려움을 만들어낼 가능성이 아주 큰 행동을 하게 된다.

72. 부를 얻게 된 많은 사람은 자신이 재앙에서 벗어난 것이 아니라, 단지 그 재앙이 더 큰 재앙들로 바뀌어 있는 것을 발견할 뿐이다.

73. 짐승이나 할 만한 일을 해서 많은 부를 축적하더라도, 그 결과는 비참한 인생이다.

74. 불행은 두려움이나 고삐 풀린 공허한 욕망에서 온다. 하지만 사람이 그러한 두려움이나 욕망에 재갈을 물리기만 한다면 행복으로 이끄는 지혜를 얻을 수 있다.

75. 이것을 빼앗기는 것이 고통이 아니라, 공허한 생각으로 생기는 쓸데없는 고통을 짊어지는 것이 고통이다.

76. 비루한 마음은 일이 잘 풀리면 거만해지고, 일이 잘 안 풀리면 죽는다.

77. 우리 본성은, 운이 가져다주는 것에 크게 신경 쓰지 말고,

운이 좋더라도 나빠질 수 있음을 알며, 운이 나쁠 때는 운 좋은 것을 별것 아니게 여기고, 운에서 오는 축복을 마음의 동요 없이 받으며, 운이 재앙을 가져다주는 것처럼 보인다면 운에 대담하게 맞서라고 가르친다. 많은 사람이 축복이나 재앙으로 여기는 모든 것은 덧없이 지나가는 것이어서, 운은 지혜와 공통점이 아무것도 없기 때문이다.

78. 내일을 가장 적게 필요로 하는 사람이 가장 기쁜 마음으로 내일을 맞을 수 있다.

79. 아름다운 것이 어떤 쾌락도 만들어내지 못할 때, 나는 그 아름다운 것과 그런 것을 헛되이 찬양하는 자들에게 침을 뱉는다.

80. 정의의 가장 크고 중요한 열매는 평정심이다.

81. 법은 현자들을 위해 존재한다. 이것은 현자들이 불의를 저지르지 않게 하려는 것이 아니라, 불의로 피해를 입지 않게 하려는 것이다.

82. 설령 그들이 발각되지 않을 수는 있겠지만, 발각되지 않는다고 해서 영원히 그럴 것이라는 확신을 얻을 수는 없다. 따라서 그들을 항상 짓누르는 미래에 대한 두려움 때문에 그들은 현재에서 행복할 수도 없고 걱정에서 자유로울 수도 없다.

83. 타고난 목적에 따라 살아가는 이들은 자기 옆에 사람들이 없어도 선하다.

84. 두려움을 불러일으키는 사람은 두려움에서 벗어나 있지 않다.

85. 행복하고 축복받은 상태는 큰 부를 소유하고 있거나 높은 지위에 있거나 권력을 지닌 상태가 아니라 고통에서 벗어나 있는 것, 온화한 성품, 본성에 정해진 한계 안에 마음이 머무는 것이다.

86. 눈에 띄지 않게 살아라.[283]

87. 우리는 인생의 본성적인 목적에 충실하고, 사람들을 다스리는 일에는 처음부터 관심이 없는 사람이 최고라고 말해야 한다.

283 "눈에 띄지 않게"로 번역한 '란타노'(λανθάνω)는 사람들의 시선이나 시야에서 감춰진 것을 뜻한다. 즉, 공적인 삶에 휘말리면 '아타락시아'(평정심)가 방해받기에 피하라는 것이다.

해제

박문재

에피쿠로스는 "쾌락주의"의 창시자로 유명한 고대 그리스의 철학자다. 우리는 일반적으로 철학이라고 하면 '진리'를 추구하는 것이라고 생각해, 쾌락주의가 철학에 속하는지부터 일단 의심한다. 하지만 여기서 "쾌락"은 '고통'의 반대말로 '즐거움'으로 번역해도 되는 단어이고, 실제로 에피쿠로스는 방탕한 쾌락은 참된 쾌락이 아니라고 단호하게 말했으므로, 우리말에서 부정적인 어감을 보이는 "쾌락"이 적절한 번역이라고 할 수는 없다. 게다가 고대 그리스 철학자들이 대체로 인간의 '행복'을 철학의 가장 중요한 주제 중 하나로 삼았다는 점에서, 에피쿠로스가 행복을 쾌락(즐거움)과 연결한 것을 이상하게 볼 필요는 없다.

소크라테스를 시작으로 플라톤과 아리스토텔레스로 이어지는 철학 그리고 그 이후 제논이 창시했다는 스토아학파의 금욕주의 철학에 익숙한 우리는, 에피쿠로스가 말하는 쾌락은 무엇이고, 그가 쾌락주의를 기치로 한 철학을 제시한 이유와 그 근거는 어디에 있는지를 궁금해한다.

I. 에피쿠로스 활동 당시의 시대적 배경

에피쿠로스는 기원전 341년에 태어나 기원전 270년에 죽었다. 이 기간은 고대 그리스에서 고전 시대 말기에 속한다. 기원전 5세기와 4세기에 걸쳐 대략 200여 년간 계속된 고전 시대는, 첫째 동부 에게해의 식민지 지역(이오니아)과 그리스 본토 북부 지역(마케도니아)이 페르시아 제국의 세력권에서 점점 벗어나 독자적인 역량을 축적해나가며 영향력을 키운 시기였고, 둘째로 아테네(아테나이)의 민주주의가 꽃피운 시기였으며, 셋째로 제1차와 제2차 펠로폰네소스 전쟁이 발발해 아테네가 주도권을 상실하고 스파르타와 테바이의 주도권이 형성된 시기였으며, 넷째는 필리포스 2세(재위 기원전 382-336년)와 알렉산드로스 대왕(재위 기원전 336-323년)의 리더십 아래 마케도니아 세력이 팽창하던 시기였다.

고전 시대의 이러한 상황들이 에피쿠로스에게 어떤 영향을 미쳤는지를 살펴보자.

1. 이오니아와 이오니아인들

이오니아는 아나톨리아(소아시아) 서안에 있던 지역으로, 일찍부터 그리스인들이 식민지로 개척했던 지역인데, 기원전 7세기 중반에는 12개의 주요 도시('도데카폴리스')가 주축이 되어 이오니아 동맹을 결성하기도 했다. 에피쿠로스가 태어난 사모스 섬도 도데카폴리스 중 하나였고, 그가 활동한 콜로폰, 미틸레네, 람프사코스도 이오니아 지역에 속한 그리스인들의 식민지였다.

이오니아를 개척한 것은 이오니아인들이었다. 그리스인의 시조인 헬렌에서 갈라져 나온 네 부족 도리아인, 아이올리아인, 아카이오스인, 이오니아인 중에서 '이온'을 시조로 하는 이오니아인들은 펠로폰네소스 반도 북부 아이기알레이아에 살았는데, 아카이오스인들이 그들을 추방하고, 지역 명칭도 아이기알레이아에서 아카이아로 바꿨다. 그러자 추방된 이오니아인들은 아테네를 중심으로 한 아티카 지역(그리스 본토 남부)으로 이주해 그곳 원주민들과 섞였고, 그 후에 많은 이오니아인이 고대 그리스의 고시대(기원전 600-480년)에 동부 에게해의 섬들과 아나톨리아 반도 서안에 식민지들을 개척하고 정착했다. 이렇게 해서 에피쿠로스의 아버지와 그 조상들("가르게투스 구역 필라이다이 가문")은 아테네에 정착해 살게 되었다.

하지만 이오니아의 여러 도시는 기원전 530년 페르시아에 정복되고, 밀레토스는 완전히 파괴되었다. 이에 따라 흑해 연안의 그리스 식민지와의 무역은 아테네인의 수중으로 넘어갔고, 이오니아에서 활동했던 철학자들은 대거 아테네로 이주했다. 그 후 아테네는 그리스 여러 도시의 주도권을 장악하여 페르시아와 싸웠는데, 기원전 490년에는 마라톤 전투에서, 기원전 480년에는 살라미스 해전에서 페르시아를 격파한 후에, 기원전 447년에 아테네와 페르시아 간에 카리아스 협정이 맺어지면서 페르시아 전쟁은 끝났고, 이오니아 식민지들도 회복하게 되었다. 그러자 아테네에 살던 이오니아인들 중 일부가 기원전 352년 또는 351년에 이오니아 지역으로 이주해가며 에피쿠로스의 아버지도 함께 이주해간다.

이오니아인들은 호전적인 도리아인과는 달리 철학과 예술, 민주주의와 쾌락을 사랑하는 것으로 유명했고, 아테네인은 이오니아인의 이러한 특징들을 가장 잘 드러냈다. 그래서 기원전 6세기 동안에 밀레토스와 에페소스 같은 이오니아 식민지들에는 상공업이 발달해 자연에 관한 전통적인 사상을 뒤집는 혁명적인 자연 철학의 진원지가 되었다. 이오니아 지역에 사는 그리스인들은 전통적인 종교와 신화로 자연 현상들을 설명하던 방식을 폐기하고, 개인 체험과 깊은 성찰에서 얻은 관념들을 토대로 자연계에 관한 가설들을 형성하기 시작했다.

밀레토스 출신의 탈레스(기원전 624-545년)는 최초의 유물론 학파인 밀레토스학파를 창시했다. 그는 기하학과 천문학에 능통해 기원전 585년에 일식을 예고할 정도였다. 탈레스는 세계를 구성하는 자연적 물질의 근원을 밝힌 최초의 인물로, 세계의 근원을 '물'이라고 했다. 물은 경험적으로 파악된 물질적 질료이며, 스스로 변화에 따라 다양한 만물을 형성한다. 이 학설은 자연과 그 다양성을 자연 자체로부터 설명하고자 한 유물론적인 입장으로, 지적 탐구를 통해 전체 세계를 하나의 물질로 통일적으로 이해하고자 했다는 점에서 종교적 설명과는 다른 철학적 세계관을 보여주었고, 유럽 철학의 시조가 되었다.

탈레스와 그의 후계자들은 그리스어로 '퓌시올로고이'(자연학자들)라 불렸다. 그들은 자연 현상에 대한 종교적 설명을 거부했고, 순전히 기계적이고 물리적인 설명을 구했다. 에피쿠로스는 탈레스의 자연학 전통을 그대로 물려받아, 자연 현상에 대한 종교적이고 신화적인 설명을 단호하게 배척했고, 앞에서 말한 이오니아인들의 특징인 철학, 민주주의, 쾌락에 대한 사랑도 많이 보여주었다.

2. 아테네의 민주주의

고전 시대의 아테네는 강력한 도시국가였고, 예술과 학문과 철학의 중심지요, 플라톤의 "아카데메이아"와 아리스토텔레스의 "리케이온"의 본거지로, 서양 문화의 요람이자 민주주의 발상지였다. 아티카 지역의 민주주의는 아테네를 중심으로 기원전 6세기경에 발전되었다. 기원전 4세기 말에는 1,000개가 넘는 그리스 도시국가 중에서 절반 이상이 민주주의를 채택했다. 솔론(기원전 594년), 클레이스테네스(기원전 508년), 에피알테스(기원전 462년) 등의 활약으로 민주주의가 정착되었고, 기원전 492년부터 448년까지 계속된 페르시아와의 전쟁에서 승리하면서, 페리클레스(기원전 약 495-429년)는 아테네의 황금기를 이끌었다.

참정권은 아테네 시민인 성인 남자에게만 주어졌고, 그들의 비율은 대략 성인 인구의 10~20퍼센트 정도였다. 외국에서 이주해온 사람들과 노예와 여자에게는 시민권이 없었다. 기원전 450년에 페리클레스와 키몬은 부모가 모두 아테네 시민인 경우에만 시민권을 부여하게 했다. 기원전 4세기 무렵 아네테를 포함한 아티카의 주민 수는 30만 명으로 추산된다. 시민은 10만 명 정도였고, 민회에서 투표권을 갖는 성인 남성 시민권자는 3만 명 정도였다.

클레이스테네스의 개혁 이후 아테네의 시민권자는 각자가 속한 '데모스'(구역)에 등록되었다. 아테네는 전통적으로 혈연에 기초한 4개 부족으로 구성되어 있었다. 그러나 클레이스테네스는 아테네의 모든 시민을 10개 부족으로 개편하고, 아테네 전역에 기초 자치 단체인 '데모스'를 170개 설치해 모든 시민이 등록하도록 했다. 데모스는 한 번 소속되면 후손에게도 영속적으로 적용되었으며, 이주하더라도 원래 소속되었던 데모스에 계속 속했다. 이후 데모스는 아테네 민주주의의 근간이 되었다.

에피쿠로스의 부모는 아테네의 가르게투스 구역(데모스) 필라이다이 가문 출신이었으므로, 에피쿠로스는 아테네 시민으로서 의무적으로 군 복무를 했다고 본다. 이것이 그가 18세 때 소아시아 사모스 섬에서 아테네로 온 이유 중 하나인 것 같다.

3. 펠로폰네소스 전쟁에 따른 아테네의 몰락과 마케도니아의 지배

펠로폰네소스 전쟁은 민주정을 대표하는 아테네와 과두정을 대표하는 스파르타가 서로 동맹 국가들을 거느리고 충돌한 전쟁으로 기원전 431년부터 404년까지 이어졌고, 이 전쟁에서 스파르타가 승리해 아테네는 몰락의 길을 걷게 되었다. 페리클레스가 죽은 후 펠로폰네소스 전쟁(기원전 431-404년)이 끝나고 나서 스파르타의 입김 아래 30인 참주회를 중심으로 한 과두정이 출현해 1년간 유지되었지만, 결국 다시 민주정이 회복되어 기원전 338년 마케도니아에 점령당할 때까지 지속되었다.

기원전 338년에 아테네는 마케도니아의 필리포스 2세에게 정복당했다. 필리포스 2세의 뒤를 이은 알렉산드로스 대왕은 마케도니아가 정복한 그리스 각국의 병사들을 연합해 페르시아, 이집트, 인도 지역에 이르는 방대한 제국을 건설했지만, 그의 사후 제국은 급속히 분열되었다.

기원전 317년에 마케도니아의 섭정 가문 출신인 카산드로스가 마케도니아와 그리스 지역을 통치하면서 "팔레룬의 데메트리오스"를 아테네 총독으로 임명했다. 비록 아테네 시민들은 그를 마케도니아의 꼭두각시로 여겼지만, 그는 민주정의 전통 일부가 유지되도록 했다. 고대 아테네의 외곽 항구인 팔레룬 출신의 데메트리오스(기원전 약 350-280년)는 원래 소요학파 철학자였다. 마케도니아의 왕 카산드로스의 지명으로 10년간 아테네를 통치하게 되면서 아테네를 점령하기 위해 기원전 317년 아테네를 봉쇄했고, 이때 아테네인들은 굶어 죽을 위기에 처했다.

기원전 317년은 에피쿠로스가 아테네로 다시 온 지 3년째 되던 해였다. 아테네에 와서 학교를 세우고 운영한 처음 13년간을 이 총독 치하에서 보낸 것이었다. 데메트리오스는 마케도니아의 실질적인 왕이었던 카산드로스를 지지하는 과두정 통치를 유지하면서 친마케도니아 정책을 펴나갔고, 사법 체계의 중요한 개혁들을 단행했다. 기원전 307년 "데메트리오스 1세 폴리오르케테스"(기원전 323-283년)가 카산드로스를 축출하자 팔레룬의 데메트리오스도 추방되었고, 그때 아테네는 잠시 민주정을 회복했지만, 독립 국가로서 아테네의 지위는 끝났고, 마케도니아에 예속된 상태는 계속되었다.

에피쿠로스는 18살 때인 기원전 323년에 아테네로 와서 몇 년을 머문 후, 이오니아로 돌아갔다가, 32살 때인 기원전 306년에 아테네로 다시 돌아와 학교를 세우고, 72살이 되던 기원전 270년까지 살았으므로, 그의 활동기 전체를 아테네의 전성기가 아닌 마케도니아의 지배 아래에서 보낸 셈이었다. 그리고 이 혼란기는 에피쿠로스의 철학에도 영향을 미쳤다. 아테네가 도시국가로서 안정되고 번영하던 시대에는 일정 정도 도시국가(폴리스)를 전제로 한 플라톤과 아리스토텔레스의 철학이 통했지만, 혼란기에 들어서고 도시국가가 쇠퇴하면서는 개인주의적이고 실존주의적인 철학이 필요했고, 에피쿠로스 철학이 바로 그런 종류의 철학이었다.

II. 에피쿠로스 활동 당시의 철학적 배경

고대 그리스 철학이란 기원전 585년 밀레토스의 탈레스가 활동을 시작한 때부터 로마 황제 유스티니아누스가 아카데메이아를 폐쇄한 기원후 529년까지 그리스인들이 수행한 철학을 가리키는데, 이때 세 시기로 나뉜다.

제1기는 소크라테스 이전 철학으로, 인간을 둘러싼 자연의 근원이 무엇인지를 탐구하는 자연철학을 특징으로 하는데, 이오니아를 중심으로 이루어졌다. 제2기는 아테네 중심의 철학으로, 아테네가 페르시아 전쟁(기원전 492-448년)에서 승리하면서, 저명한 사상가들이 아테네로 몰려들어 고대 그리스 철학을 꽃 피웠으며 소크라테스, 플라톤, 아리스토텔레스가 속했던 시기다. 제3기는 아리스토텔레스(기원전 384-322년)가 죽고 알렉산드로스 대왕(재위 기원전 336-323년)이 시작한 헬레니즘 시대의 철학이다. 에피쿠로스는 제1기와 제2기의 영향 아래서 제3기로 넘어가는 시기에 철학을 했다. 따라서 우리는 제1기와 제2기 철학이 어떠했는지를 살필 필요가 있다.

1. 밀레토스학파

자연철학의 시조는 앞에서 말한 대로 탈레스(기원전 624-545년)

다. 고대 그리스의 식민지 이오니아 지방의 소도시 밀레토스 출신인 탈레스는 최초의 유물론 학파인 밀레토스학파의 시조다. 그는 세계에 대한 종교적이고 신화적인 설명을 거부하고, 세계의 근원을 "물"이라고 보았다. 만물은 물에서 생겨 물로 돌아간다. 세계와 우주의 근본을 신이 아닌 물질에서 찾았다는 점에서 이는 획기적이었다.

탈레스의 제자이자 후계자 아낙시만드로스(기원전 610-546년)는 만물의 근원은 특정 형태의 어떤 물질 중 하나일 수는 없고, 이보다 더 근본적인 것이어야 한다고 보고, 불확정적이고 무한정한 '아페이론'(무한자)을 만물의 근원으로 보았고, 이것으로부터 찬 입자와 더운 입자, 건조한 입자와 습한 입자가 분리되어 나와 서로 섞이면서 만물이 생성되고, 만물이 소멸되면 다시 이 네 가지를 거쳐 무한자로 돌아간다고 했다.

아낙시만드로스의 제자였던 아낙시메네스(기원전 약 585-525년)는 만물의 근원을 신적 존재 같은 "공기"로 보았다. 공기 밀도가 높아지면 바람, 구름, 흙, 돌 같은 것이 되고, 낮아지면 온도가 올라가 불이 되는데, 이러한 변화를 통해 만물이 생성되었다고 생각했다. 무지개는 신에 의해 만들어지는 것이 아니라 자연 현상에 불과하다고 말했다.

헤라클레이토스(기원전 약 540-480년)는 이오니아의 에페소스 출신으로 만물의 근원을 "불"이라고 생각했다. 불은 질서 있게 타올랐다 꺼지는 것을 영원히 반복하고, 그 과정에서 일정한 주기로 대립하는 만물이 생기고 사라진다. 그는 이 과정을 "오르막길"과 "내리막길"이라고 명명했다. 불은 변화하여 공기, 바람, 물, 흙, 영혼 등 여러 가지로 나타난다. 오르막길에서는 불이 건조해져 흙이 물로 바뀌고, 증발하여 다시 공기나 다른 것이 만들어진다. 바다의 증발은 순수하고 밝아 별이나 여름을 만들지만, 땅의 증발은 습하고 탁한 어둠과 겨울을 생성한다. 내리막길에서는 불이 짙어져 습한 물이 되고, 이것이 더욱 농축되어 흙으로 바뀐다. 즉, 만물은 불에서 만들어진 대립물의 집합체라는 것이다. 그러면서 헤라클레이토스는 만물의 생성과 소멸, 다양성과 통일성의 배후에는 만물을 지배하는 세계 법칙이자 세계 이성인 "로고스"가 존재한다고 생각했다.

2. 피타고라스학파

밀레토스학파의 뒤를 이어 등장한 인물이 피타고라스(기원전 약 580-500년)다. 에피쿠로스와 마찬가지로 이오니아 지방 사모스 섬 출신으로 탈레스와 아낙시만드로스에게서 배운 그는 만물의 근본 요소는 "수"에 있다고 보았다. 기원전 529년에 그는 그리스 식민지였던 남부 이탈리아의 크로톤으로 이주해 공동체를 세우고, 수학적인 사색과 종교적인 명상에 집중했다. 인간 세계를 이해하려면 사물들의 근본을 이루는 수적인 구조를 알아야 한다고 생각했다. 하지만 피타고라스학파는 비밀결사였으므로 그들의 가르침은 당시에 큰 영향을 미치지는 못했다.

피타고라스학파의 영향을 받은 시켈리아(지금의 시칠리아) 출신의 엠페토클레스(기원전 약 490-430년)는 밀레토스학파의 여러 원소 이론을 통합해, 만물은 공기, 물, 불, 흙의 4원소가 합쳐지거나 흩어지면서 생성된다고 했다. 흩어져 있는 원소들이 소용돌이 속으로 끌려들어가 천체가 만들어지고, 이후 계속되는 소용돌이로 인해 대기가 만들어지며, 회전을 통해 흙에서 물이 분리된다. 햇빛이 땅에 비추면 생물들이 생기는데, 처음에는 불완전하고 괴이한 모습이었다가 오랜 시간이 흐른 다음 제대로 된 형태를 갖추게 된다. 또한, 달빛은 스스로 내는 빛이 아니라 반사된 것이라고 말하기도 했다.

3. 엘레아학파

파르메니데스의 스승이었던 크세노파네스(기원전 약 560-470년)는 이오니아 지방의 콜로폰 출신으로, 다신론과 의인화된 신(神)이라는 전통 그리스 신관을 거부하고, 신은 전체이자 하나이며 영원한 존재라고 주장했다. 인간사에 개입하지 않는 존재로서 신을 설명하는 데서 나아가, 자연 현상을 자연학적으로 설명하고자 했다. 그리고 그는 참된 실재가 존재하지만, 인간은 그 실재를 알 수 없다고 말함으로써, 피론의 회의주의 철학의 선구자로 여겨진다.

엘레아학파의 시조 파르메니데스(기원전 약 515-445년)의 철학은, 오직 "유"만 존재하고 "무"는 존재하지 않는데 "유"는 불생불멸, 불가분, 불변부동을 본질로 하는 완결된 궁근 모양으로 되어 있다는 존재론에서 출발한다. 그의 유일한 저작으로 알려진 『자연에 관하여』라는 시는 160행만 현존한다. 이 저작에서 그는 오직 무시간적이고 단일하며 불변하는 어떤 것만이 존재하고, 이렇게 존재하는 것은 결코 무가 될 수 없으며, 생성과 소멸은 이렇게 존재하는 것의 변화일 뿐이고, 존재하지 않는 것이 존재하는 것으로 되거나, 존재하는 것이 존재하지 않는 것으로 되는 게 아니라고 말한다. 또한, 그는 "유"를 인식하는 "이성"만이 참이고, "유"와 "무"가 뒤섞여 일어나는 변화들을 인지하는 "감각"은 모든 오류의 근원이라고 생각했다. 하지만 에피쿠로스는 "감각"이 참의 일차적인 근거이고, "이성"이 감각을 따르지 않고 독자적으로 활동할 때 오류가 생긴다고 보았다.

파르메니데스의 제자인 엘레아의 제논(기원전 약 495-430년)은 스승 파르메니데스의 사상을 그대로 이어받아 귀류법reductio ad absurdum을 사용해 그 사상을 논증한 것으로 유명했기 때문에, 아리스토텔레스는 그를 "변증학의 발견자"라고 칭송했다.

4. 원자론 철학

밀레토스 출신 레우키포스(기원전 440년경 활동)는 원자론의 창시자다. 밀레토스학파는 만물의 근원인 '원소'가 만물의 생성과 소멸을 주도한다고 보았다면, 엘레아학파는 불변의 실재인 "유"를 만물의 근원으로 보았는데, 레우키포스는 엘레아학파의 사상을 발전시켜, 우주는 '허공'과 허공을 채운 '원자들'로 이루어져 있다고 생각했다. 이 원자는 허공을 운동하고 있고, 무수히 많으며, 아주 작아 구분할 수 없고, 단단하며, 생성이나 소멸을 겪지 않는 변하지 않는 존재다. 다양한 형태의 원자들이 빈 공간으로 이동하고, 떨어져 나온 원자들은 다시 한곳에 모여 소용돌이를 만든다. 그 회전 속에서 원자들의 충돌과 뒤섞임이 일어나고 비슷한 것은 모이고 그렇지 않은 것은 다시 허공으로 빠져나간다. 모여 있는 원자 합성물들은 태양, 달, 지구 같은 별의 성질을 갖게 되고, 계속 빙글빙글 돌며 비어 있는 공간인 하늘에 떠 있다. 지구는 우주의 중심 가까이에서 돌고, 태양은 그 둘레를 가장 큰 궤도로 돌며, 달은 작은 원을 그리며 돈다. 태양과 달 사이에는 다른 별들이 중간 궤도로 돌고 있다. 또한, 이 합성물들은 처음에는 습한 것이었으나 지속적인 회전으로 불이 붙고 빛을 지닌다. 별들의 빛은 회전 속도가 빠를수록 더 밝다.

레우키포스의 제자 데모크리토스(기원전 약 460-370년)는 원자론을 체계화하여 완성한 인물이다. 그의 우주론은 레우키포스의 우주관과 별 차이가 없지만, 다음과 같은 특징이 있다.

첫째, 그는 사물의 특성이 원자들의 형태와 크기, 배열 그리고 이를 받아들이는 사람들의 감각에 따라 달라진다고 보았다. 원자 합성물의 밀도와 그 중심부에서 작용하는 중력의 차이가 사물의 일차적 성질이고, 우리가 느끼는 사물의 색, 냄새, 맛, 소리가 사물의 이차적 성질이다. 둘째, 사물의 생성과 소멸에는 원자에 내재된 불변의 힘이 작용한다고 생각했다. 이 "필연적인 힘"은 세계를 창조하는 원자의 소용돌이를 만들어낸다. 셋째, 사람의 혼과 지성도 원자로 만들어진 섬세한 물질이다. 넷째, 쾌활함 또는 행복은 삶의 최종 목적이다. 이것은 원자로 만들어진 혼이 안정된 상태로, 명랑하며 만족스러운 상태이고, 본능적 쾌락과는 다른 것으로 미신, 두려움 등을 물리치는 굳건한 혼에서 나온다.

이오니아 클라조메나이 지역 출신인 아낙사고라스(기원전 약 500-428년)도 자연학적 방법을 사용해 천체 현상을 설명했다. 밀레토스학파나 고대 원자론자들이 하나 혹은 그 이상의 원소를 가정해 우주의 양적 다원성을 설명하려고 했다면, 아낙사고라스는 원소들의 질적 다양성에 집중했다는 점에서 차이가 있다. 또는 그는 무거운 흙은 아래쪽으로 내려가고 불은 위쪽으로, 물과 공기는 그 중간에 있게 되는데, 이것은 독립적이고 이성적이며 전능하고 순수한 동시에 비인격적인 '누스'(지성)의 운동 원리가 작용한 결과라고 보았다. 본래는 뒤죽박죽으로 혼란스러웠던 우주의 원소들이 '누스'가 가한 충격을 받고 이상적인 질서를 찾아 나간다는 것이다. 이렇게 그는 정신이 물질에 질서를 부여했다고 믿었다.

5. 소크라테스

소크라테스(기원전 약 470-399년)는 당시에 성행했던 유물론적인 자연철학에 반대해 이성과 이성적 추론을 통해 진리를 발견해야 한다고 생각했다. 그도 처음에는 자연에 대한 관찰을 통해 참을 발견하려고 했지만 결국 그것이 불가능함을 깨닫고, 오로지 이성에 따라 진리를 발견하는 길을 택했다고 고백한다. 이렇게 해서 그는 지금까지 자연학과 우주론에 기초해 윤리학을 추구했던 철학과 결별하고, 오직 이성과 논리적 추론에 따른 철학 사상을 개척하여 이후 등장한 이성을 주로 하는 모든 철학의 시조가 된다.

6. 플라톤학파

소크라테스의 제자였던 플라톤(기원전 427-347년)은 유명한 이데아설을 제시하여, 오직 '이데아'만 비물질적이고 영원하며 초세계적인, 절대적이고 참된 실재이고, 물질적이고 감각적인 존재는 잠정적이고 상대적인 것으로, 이 감각에 의한 경험적 사물의 세계는 이데아의 그림자 또는 모상이라는 이원론적 세계관을 주창했다. 세계의 중심을 이루는 것은 '세계 영혼'이며, 이 세계 영혼이 주재하는 이데아계에 있던 불멸의 존재인 인간 영혼은 '이데아'를 상기할 때 참된 인식을 얻는다고 했다. 반면에 감각적 지식은 단순한 "견해"('독사')에 지나지 않는다고 주장한다. 따라서 그는 지적 직관을 통해 참된 인식인 지혜를 얻어 살아가는 "철학하는 삶"이야말로 인간의 목적이자 행복이라고 했고, 이러한 철학자가 다스리는 이상국가를 제시했다.

플라톤은 기원전 385년경 아테네에 "아카데메이아"라는 학교를 세웠다. 이 학교는 스페우시포스, 아리스토텔레스, 에우독소스, 크세노크라테스 등을 배출하고, 아르케실라오스, 카르네아데스, 필론 등으로 계승되다가, 529년에 로마 황제 유스티니아누스 1세가 이교사상으로 지목해 폐쇄할 때까지 약 900년간 존속했다.

플라톤이 죽은 후 스페우시포스(기원전 약 395-339년)가 제2대 원장이 되었는데, 그는 관념 대신 '수'를 중시했다. 제3대 원장이었던 크세노크라테스(기원전 약 396-314년)도 플라톤의 사상을 '수'로 설명했다. 그래서 아리스토텔레스는 "요즘 사람들에게 철학은 곧 수학이 되었다"라고 했다고 전해진다.

크세노크라테스는 1과 2를 근원으로 하여 거기서 먼저 '이데아'가 생겨났고 계속해서 만물이 생겼다고 생각했다. 이렇게 해서 플라톤 사상은 그로 말미암아 더욱 수학적이고 사변적이며 신비적인 경향을 지니게 되었고, 처음으로 철학을 논리학, 자연학, 윤리학으로 구별했는데, 이것이 스토아학파의 탄생 계기가 되었다. 제5대 원장 아르케실라오스(기원전 약 315-240년)는 기원전 266년경에 플라톤의 형이상학을 기피하고 확실한 지식의 가능성을 부정해 '판단 중지'를 선언하여 아카데메이아 회의주의의 시발점이 되었고, 이러한 경향은 기원전 90년에 아케데미아의 학장 라리사의 필론(기원전 약 159-84년)의 제자인 아스칼론의 안티오코스가 회의주의를 배격할 때까지 계속되었다. 따라서 에피쿠로스가 활동하던 시기에 플라톤 사상은 그대로 보존된 상태에서 수학적인 경향을 지니고 있었다고 본다.

7. 소요학파

소요학파의 시조인 트라키아 지역 스타게이로스 출신의 아리스토텔레스(기원전 384-322년)는 기원전 367-347년까지 아카데미아에서 연구하다가 기원전 335년에 아테네 동부 리케이온에 학교를 세웠다. 그는 플라톤의 이데아론을 비판하긴 했지만, 플라톤의 관념론과 유물론 사이에서 중간 입장을 취했다. 즉, 플라톤은 이데아만이 절대 진리이고, 만물과 그 현상들은 이데아의 타락한 형태라고 보았지만, 아리스토텔레스는 이데아는 만물과 그 현상들 '속'에 있으므로, 만물과 그 현상들 속에서 이데아를 찾을 수 있다고 보았다. 이것이 기본 사상이었기에 그는 세상 만물을 열심히 탐구했고, 윤리학 역시 이런 생각이 바탕을 이룬다.

제2대 학장이었던 레스보스 섬의 에레소스 출신인 테오프라스토스(기원전 약 371-287년)는 기본적으로 아리스토텔레스의 철학을 계승했지만, 공간이 실체라는 것을 부정했고, 시간은 운동의 우연적 속성이라 보았으며, 불 같은 원소들은 합성물이므로 만물의 근원이 될 수 없다고 비판했다. 저작으로는 소크라테스 이전 자연철학자들의 이론을 집대성한 『자연학 학설』과 인간 성격을 분류한 『성격론』이 있다.

제3대 학장 람프사코스의 스트라톤(기원전 269년 사망)은 데모크리토스(기원전 약 460-370년)의 영향을 받아 아리스토텔레스 철학을 개조해 범신론적 일원론이라는 유물론적 세계관을 정립하고는, 세계는 열기와 냉기의 성질을 지닌 구분 가능한 미립자들로 구성되어 있다고 주장했다.

에피쿠로스는 『테오프라스토스를 반박함』이라는 저작을 써서 소요학파의 철학을 비판했다.

8. 견유학파

소크라테스의 제자이자 아테네 출신 안티스테네스(기원전 약 445-365년)는 세상 욕심을 버리고 덕을 추구하는 것만이 최고의 삶이고, 쾌락은 기만적인 것이므로 노력의 결과에 따른 쾌락이 아니면 영속적인 것이 아니라고 보았고, 정신적 · 육체적 단련을 중시했다.

안티스테네스의 제자였던 "시노페의 디오게네스"(기원전 약 400-323년)는 행복이란 인간의 본성적인 욕구를 가장 쉬운 방법으로 만족시키는 것이고, 본성적인 것은 부끄러울 것도 없고 보기 흉하지도 않으므로 감출 필요가 없으며, 이 원리에 어긋나는 관습은 비본성적이므로 따라서는 안 된다고 역설했다. 그는 가난하지만 부끄러움 없는 자족의 삶을 실천했다. 항아리 안에 살면서 일광욕을 하고 있을 때 알렉산드로스 대왕이 찾아와 소원을 물으니, 아무것도 필요없으니 햇빛을 가리지 말고 비켜달라고 했다는 일화는 유명하다.

디오게네스의 제자였던 "테바이의 크라테스"(기원전 약 336-286년)가 살던 시절은 아테나가 마케도니아의 지배 아래 있던 때였는데, 알렉산드로스 대왕이 "조국의 재건을 바라느냐"라고 묻자, "다른 알렉산드로스가 또 멸망시킬 것인데, 왜 바라겠느냐"라고 대답했다. 그는 무명과 가난을 영원한 조국으로 삼고 개처럼 살았다.

견유학파는 불확실성의 시대인 혼란기에 고통으로부터 해방되어 행복하게 살 수 있다고 설파했다. 그들이 생각하는 인생의 목적은 모든 잘못된 신념과 어리석음과 기만에서 해방되어 명료하고 맑은 정신('아튀피아')을 얻어 행복('에우다이모니아')에 도달하는 것이라고 보았다.

'아퀴피아'는 부정적인 감정, 부자연스러운 욕망, 사악한 성품을 낳는 거짓된 판단들을 버림으로써 얻을 수 있다. '에우다이모니아'는 인간 이성으로 알게 되는 본성을 따를 때 얻어지는데, 자족('아우타르케이아'), 감정에 좌우되지 않는 '아파테이아', 미덕, 인간애, 정직함, 삶에 부수적인 것에 관심을 보이지 않음으로써 얻어진다. 견유학파는 소크라테스의 영향을 받아 겨울에 얇은 옷만 걸치고 맨발로 다니는 것 같은 금욕 생활과, 고되고 힘든 고행을 통해 '아퀴티아'와 '에우다이모니아'에 도달할 수 있다고 믿었다. 이것은 견유학파가 소크라테스의 '사상'이 아니라 그의 강인했던 삶을 본받고자 했음을 보여준다.

에피쿠로스는 본성적인 욕망의 적절한 충족을 통한 고통으로부터의 해방('아포니아'), 다른 한편으로는 감각에 따른 참된 지식으로 모든 거짓된 판단으로부터 해방됨으로써 '아타락시아'(마음에 소란이 없는 평정한 상태)에 이를 수 있다고 함으로써 견유학파가 지향하는 금욕 생활과 고행은 본성적인 것이 아니라고 비판한다.

9. 스토아학파

스토아학파의 창시자 제논(기원전 약 335-263년)은 지중해 동부 키프로스 섬의 그리스 식민 도시 키티온 출신으로, 30세쯤 아테네로 와서 여러 학파에서 배운 후에 견유학파의 철학을 더욱 발전시키고 체계화하여 독자적인 철학을 정립하고, 이것을 아고라의 주랑('스토아')에서 가르쳤다. 그의 철학은 윤리학이 중심이었는데, 인생 목표인 '행복'은 우주를 지배하는 신적인 이성인 로고스를 따라 본성과 일치된 삶을 사는 데 있다고 보았다. 그는 인간 영혼과 신도 물질로 이루어져 있다고 본 유물론적 세계관을 지녔고, 만물의 근원은 불이고, 이 불이 만물을 지배하고 질서를 부여하는 '로고스'라고 보았다. 그에 따르면 이 로고스 때문에 자연 현상에 법칙성이 존재한다. 또한, 인간 이성에도 로고스가 들어 있으므로, 인간은 함부로 행동하지 말고 절제하는 삶을 살아야 한다. '로고스'가 이 우주를 지배하는 법칙이라면, '이성'은 인간을 지배하는 법칙이어야 한다. 우주가 로고스에 따를 때 질서를 이루듯, 인간은 이성에 따를 때 절제 있는 삶을 산다. 따라서 이성에 충실한 삶이 바로 본성을 따르는 삶이다.

19년 동안 제논의 수제자였던 클레안테스(기원전 약 330-230년)는 기원전 262년경에 제2대 학장이 되었고, 제3대 학장이 된 그의 제자 크리시포스(기원전 약 279-206년)는 제논의 철학을 더욱 발전시켜 스토아철학의 제2창시자라는 별명을 얻었다.

10. 회의학파

회의학파의 시조인 피론(기원전 365-275년)은 사물의 객관적 본질은 불확실하여 알 수 없으므로, 감각이나 판단만으로는 참이나 거짓을 말할 수 없다고 보았다. 따라서 인간은 어떤 사물도 단정하지 않고('아파시아', 무단정), 모든 판단을 보류하여('에포케', 판단 중지), 모든 견해에 대해 동일한 거리를 두어야 한다. 그렇게 하면 마음의 평정('아타락시아')을 얻을 수 있다.

피론의 제자였던 티몬(기원전 약 320-230년)은 행복한 삶에 관한 자신의 철학을 세 가지로 요약했다. 첫째, 사물들은 본성적으로 서로 차이가 없으므로 판단 불가다. 둘째, 사물들에 대한 우리의 감각 인지나 판단은 우리에게 참이나 거짓을 말해주지 않는다. 셋째, 그러므로 우리는 판단을 중지하고 어느 쪽으로도 기울지 않아야 한다. 또한, 그는 감각, 탐구, 지혜에 관한 글을 썼고, 자연철학자들이 제시한 가설이 타당한지에 대해 의문을 제기하기도 했다.

고대 그리스의 이러한 철학 학파들은 크게 세 기준으로 분류할 수 있다. 첫 번째 기준은 자연학을 위주로 한 철학이냐 아니냐 하는 것이고, 두 번째는 도시국가('폴리스')를 염두에 둔 공동체적인 철학이냐 개인적이고 실존적인 철학이냐이며, 세 번째는 참을 알 수 있느냐이다.

에피쿠로스는 자연학에 관한 그의 방대한 저작이 보여주듯 자연학을 중시한 것으로 보인다. 그러나 밀레토스학파를 비롯한 자연철학자들과는 달리 자연학의 방법론과 관점, 즉 유물론적 관점을 받아들였으면서도 개별적이고 세부적인 자연 현상들에 대한 탐구는 중시하지 않았다.

기본적으로 그는 유물론적 관점에서 우주론과 윤리학을 전개하므로, 자연철학자에 속한다고 할 수 있다. 또한, 에피쿠로스는 도시국가를 어느 정도 염두에 둔 플라톤과 아리스토텔레스 철학, 스토아학파에 철저하게 반대하고, 개인의 행복을 추구한 견유학파에 동조했지만, 욕심을 버린 금욕적인 미덕의 삶을 통한 행복에 강조점을 둔 견유학파의 견해에는 비판했으며, 철저하게 본성적인 욕망의 충족을 통한 고통의 부재와 최대 쾌락을 추구했다. 그리고 에피쿠로스는 감각 인지를 모든 참과 거짓의 판단 기준으로 삼아 "분명한 것"('에나르게마')이라고 지칭함으로써 회의학파를 단호하게 배척했다. 에피쿠로스의 주적은 플라톤학파 철학이었지만, 나중에는 스토아학파 철학이 되었다.

III. 에피쿠로스의 생애와 철학

1. 에피쿠로스의 생애

에피쿠로스Ἐπίκουρος는 기원전 341년에 태어나 기원전 270년에 죽었다. 아버지는 문법학교 교사 네오클레스였고, 어머니는 카이레스트라타였다. 아버지는 아테네 시민으로, 가르게투스 구역 필라이다이 가문 출신이었다. 아테네인들은 기원전 352년 또는 351년에 아나톨리아 반도(소아시아, 지금의 튀르키예) 서부 에게해 근방에 여러 식민지를 개척했는데, 에피쿠로스의 부모는 그중 하나인 사모스 섬으로 이주해, 그곳에 정착한 지 10년쯤 후 에피쿠로스를 낳았다. 에피쿠로스는 18살에 아테네로 오기 전까지 그곳에서 자랐는데, 이때 어머니와 함께 집집마다 돌아다니며 죄를 정화하는 주문을 외우는 일을 했고, 문법학교 교사였던 아버지와 함께 글을 가르치기도 했다.

그리고 에피쿠로스가 직접 말한 바에 따르면, 그는 14세 때 철학을 접했는데, 문법학교 교사들이 기원전 8세기 고대 그리스의 대표 서사시인 헤시오도스의 글에 나오는 '카오스'를 제대로 설명하지 못하는 것을 보고 실망해 철학에 입문하게 됐다고 하는 말이 있고, 처음에는 문법학교 교사였지만 데모크리토스의 책들을 우연히 접하면서 철학에 눈을 돌리게 되었다는 소문도 있다.

에피쿠로스는 18살 되던 해, 기원전 323년에 아테네로 왔다. 당시는 플라톤(기원전 428-348년)이 죽은 지 이미 25년이 흘렀고, 알렉산드로스 대왕의 스승 아리스토텔레스(기원전 384-322년)는 기원전 322년 아테네에서 반마케도니아 운동이 일어나 불경죄로 기소되자 에우보이아 섬 칼키스로 피신했다가 얼마 안 있어 거기서 죽을 무렵이었다. 플라톤이 세운 아카데메이아는 수학자였던 크세노크라테스(기원전 396-314년)가 담당하고 있었는데, 그는 수학을 이용해 플라톤의 철학 사상을 더욱 정교하게 하고자 했다.

에피쿠로스가 아테네로 왔던 때는 마케도니아의 알렉산드로스 대왕이 죽은 해이기도 했다. 그로부터 1년 후에 알렉산드로스 대왕의 대장군이자 대왕 사후 마케도니아의 권력을 실질적으로 장악했던 페르디카스(기원전 355-320년)는 사모스에서 아테나인을 추방했고, 에피쿠로스의 가족은 사모스 섬에서 가까운 콜로폰(동부 에게해 아나톨리아 반도 서안에 있던 그리스 식민지인 이오니아 지역에 속한 해안 도시)으로 이주했다.

아테네로 온 에피쿠로스는 상당 기간 아테네에서 자신의 철학을 어느 정도 정립하고 나서, 아버지가 있는 콜로폰으로 가 그곳에서 한동안 머무르다가, 처음으로 레스보스 섬에 있는 미틸레네로 가서 학교를 열었다. 하지만 그의 가르침이 문제를 일으키자 미틸레네에서 도피해 아나톨리아 헬레스폰토스 연안에 있는 람프사코스에서 학교를 열었다. 이때 에피쿠로스는 피토클레스, 콜로테스, 이도메네우스, 폴리아이노스 등과 교류했고, 그들은 나중에 에피쿠로스와 함께 아테네로 이주해 학교를 세워 중추적인 역할을 담당했다.

32살이 되던 해인 기원전 306년에 에피쿠로스는 다시 아테네로 돌아와서, 처음에는 다른 철학자들과 함께 활동했지만, 얼마 후에는 자신의 이름을 딴 학교를 세우고, 자신의 학교에 있는 '정원'에서 주로 철학 토론을 하며 오랜 세월 자신의 독자적인 사상을 전파했다. 그러다가 방광에 돌이 생겨 14일 동안 앓았으며 72세(기원전 270년)에 죽었다.

2. 에피쿠로스학파

에피쿠로스가 세운 학교는 "정원"(κῆπος, '케포스')이라고 불리며 스토아학파의 학교와 플라톤이 세운 아카데메이아가 있던 곳의 중간 지점에 자리를 잡았다. 학교의 주요 구성원으로는 나중에 에피쿠로스의 후계자가 된 헤르마르코스, 재정을 담당한 이도메네우스, 레온테우스와 그의 아내 테미스타, 풍자 시인 콜론테스, 람프사코스 출신의 수학자 폴리아이노스, 에피쿠로스 사상을 널리 전파하는 데 가장 큰 공헌을 한 람프사코스 출신의 메트로도로스 등이 있었다. 그의 학교는 고대 그리스 철학 학파들 중에서 공식적으로 여성을 받아들인 최초의 학교였다. 학교 정문에는 "나그네여, 당신은 이곳에 머무는 것이 좋을 것입니다. 이곳에서 우리의 최고선은 쾌락입니다"라는 문구가 새겨져 있었다.

에피쿠로스학파는 600년 정도 지속했고, 그가 죽은 후에도 그의 철학은 거의 그대로 보존되었다. 기원전 270년에 그가 죽은 후 제자 헤르마르코스(기원전 약 325-250년)가 이 학교의 제2대 수장이 되었고, 폴리스트라토스(기원전 219년경 사망)는 헤르마르코스의 뒤를 이어 기원전 250년경에 제3대 수장이 되었는데, 단편으로 남아 있는 그의 두 저작 중 하나인 『비이성적인 멸시』는 "대중의 신념들을 비이성적으로 멸시하는 자들을 반박하는" 변증서로, 견유학파 또는 회의론자들을 공격한 글이다. 폴리스트라토스의 후계자 디오니시오스는 아테네 람프트라이 구역 출신으로 기원전 219년경에 제4대 수장이 되었고, 기원전 205년경에 죽었다. 디오니시오스의 후계자로 제5대 수장은 바실리데스(기원전 약 250-175년)가, 그 이후 수장으로는 아폴로도로스(기원전 2세기 활동)로 알려져 있는데, 이 둘 사이에 적어도 한 명이 더 있었던 것으로 보인다. "정원의 독재자"로 불린 제7대 수장 "아폴로도로스"는 400권이 넘는 책들을 썼고, 그중에는 『에피쿠로스의 생애』, 『가르침 모음집』이라는 책도 있었다. "시돈의 제논"(기원전 약 150-75년)은 아폴로도로스의 뒤를 이어 에피쿠로스 학교의 수장이 된 인물이다. 키케로와 디오게네스 라에르티오스는 그가 정확하고 번득이는 사고를 갖춘 철학자였다고 말한다.

에피쿠로스 철학은 처음부터 인기가 대단했다. 그래서 디오게네스 라에르티오스는 전 세계에 있는 에피쿠로스주의자들의 수를 더하면 도시들 전체 인구보다 더 많다고 썼다. 그는 이후 500년 동안 지중해에서 가장 존경받으면서도 동시에 가장 경멸받는 철학자였다. 에피쿠로스 철학은 그리스 본토를 넘어 지중해 세계 전체로 급속도로 퍼져 나갔다. 기원전 1세기에는 이탈리아에 강력한 발판을 마련했으므로, 로마의 정치가이자 대중연설가였던 키케로(기원전 106-43년)는 "에피쿠로스주의자들이 폭풍처럼 이탈리아를 집어삼켰다"라고 한탄했다. 에피쿠로스주의자들은 에피쿠로스를 윤리의 위대한 스승, 구세주, 심지어 신으로까지 숭배했고, 에피쿠로스가 한 말들을 신이 내린 신탁처럼 여겼으며, 매달 20일에는 에피쿠로스를 기리는 축제를 열었다. 하지만 기원후 1-2세기에는 로마의 전통적인 가치에 더 부합했던 스토아학파 철학에 밀려 쇠퇴하기 시작했고, 기원후 3세기 이후에는 기독교가 로마 전역에 확산되면서 급속한 쇠락의 길을 걷다가, 기원후 5세기에는 거의 소멸되었다.

3. 에피쿠로스의 철학

에피쿠로스는 기본적으로 데모크리토스의 자연철학을 토대로 한 원자론적 유물론자였기 때문에, 인간의 영혼과 신도 물질적인 존재로 보고, 신화적인 신의 개입을 철저하게 배제했다. 그는 견유학파 철학자 아리스티포스(기원전 약 435-356년)의 철학을 따라, 최고선은 세계의 작동 원리와 욕망, 쾌락, 고통의 한계에 대한 참된 지식을 통한 '아타락시아'(마음이 두려움에서 해방되어 평정한 상태)와 '아포니아'(몸 고통의 부재)라는 소박하고 지속 가능한 쾌락을 누리는 것이라고 믿었다. 그래서 에피쿠로스는 이런 삶을 누리기 위해 야심과 경쟁으로 마음의 평정을 해칠 수 있는 공적인 삶을 멀리하고, 모든 고통과 두려움에서 벗어났을 때 얻어지는 최고의 쾌락을 인생의 유일한 본성적인 목적으로 삼아 단순하고 소박한 삶을 살았으므로 우리가 보통 말하는 '쾌락'의 삶과는 거리가 멀다.

에피쿠로스는 인생의 유일한 목적은 '쾌락'이라고 천명하고, 모든 고통과 괴로움의 부재를 최대치의 쾌락으로 보았으므로, 자연학이든 윤리학이든 모든 것은 이 쾌락에 이바지할 때만 '선'이 되고, 이 쾌락에 해로우면 '악'이 된다. 그는 최고의 쾌락 상태인 '아타락시아'를 누리는 데는 현세의 삶만으로 충분하므로 내세나 영생을 바랄 필요가 없고, 실제로 인간 영혼과 육체는 모두 물질적인 것이므로 결국은 해체되어 죽음을 맞이하고, 내세나 영생은 존재하지 않는다고 말한다. 따라서 그에게는 육체적인 쾌락은 고통의 부재('아포니아')이고, 이것은 마음의 평정 상태이자 최고의 쾌락인 '아타락시아'를 위한 것이다.

에피쿠로스는 자연학에 관한 방대한 저작을 썼고, 이것이 가장 중요한 저작이기도 하다. 하지만 자연학에서 그에게 중요했던 것은 원자론과 원자론적 인식론에 따른 유물론적 우주관 및 세계관이었고, 자연 현상과 천체 현상에 관한 개별적이고 세부적인 지식은 아니었다. 그는 우주('토 판')는 원자와 허공으로 이루어져 있고, 천체들과 신들과 인간 영혼을 비롯한 만물은 원자로부터 생성된다고 보았다. 오직 원자만이 영원히 변하지 않고 더 이상 나눌 수 없는 물질이므로, 모든 것은 원자에 의해 생성되었다가 다시 원자로 돌아간다. 그리고 원자는 무한히 많고, 허공은 무한하다. 원자는 허공이나 물체 속에서 끊임없이 운동하고, 이 운동으로 생성과 소멸과 변화가 발생한다. 이러한 원자론은 데모크리토스를 비롯한 이전의 자연철학자들이 이미 확립했는데, 다만 데모크리토스가 원자들의 운동을 필연으로 보았다면, 에피쿠로스는 원자들의 운동에는 필연적이지 않은 '방향 전환'이라는 운동이 있다고 보았고, 인간의 혼과 마음에도 자유의지가 있다고 보았다.

에피쿠로스는 사물 또는 물체로부터 나오는 유체들('에이돌론')이 인간의 감각 기관에 닿았을 때 감각 인지에 의해 "심상"('판타시아')이 생기고, 아주 미세한 유체는 감각 기관이 아닌 "지성"으로 바로 들어가서 지성에 의한 "인식"을 만들어낸다고 생각했다. 후자의 대표적인 예가 사람들 가운데서 생긴 신들의 존재에 대한 인식이다. 따라서 모든 참과 거짓의 판단 기준은 감각 인지와 지성에 의한 인식이고, 오직 이것만 "분명한 것"('에나르게마')이다. 한마디로, 에피쿠로스는 자기가 직접 눈으로 보고 귀로 들은 것 외에는 믿지 않겠다는 것이다.

하지만 이 기준으로는 모든 것을 알 수 없고, 특히 천체 현상은 알 수 없으므로, 그는 이 "분명한 것"에 근거한 유추, 비교, 종합이라는 이차적인 방법론을 제시한다. 즉, 반복적으로 주어진 심상으로부터 선개념('프롤렙시스')이생기고, 이 선개념에서 지성의 인식이 발생하는데, 우리 주변에서 얻은 이 "분명한 것"에 따른 유추를 통해 천체 현상을 설명할 수 있다는 것이다.

에피쿠로스에게, 원자론적인 우주관과 세계관 외 천체 현상에 대한 개별적이고 세부적인 설명이 필요한 이유는 오직 우리를 두려움과 불안에서 벗어나게 하는 데 목적이 있다. 따라서 그는 천체 현상에 관한 이전 자연철학자들의 여러 설명 중에서 어느 것이 옳거나 가장 나은지를 판단하지 않고, 오로지 이 유추에 따른 판단에 비추어 부적합한 것이 아니라면 모두 그대로 채택해 제시한다. 천체 현상을 정확하게 설명하는 것 자체가 목적이 아니기 때문이다. 따라서 에피쿠로스 철학의 중심은 자연학이 아니라, 원자론적 세계관과 인식론에 입각한 윤리학이라고 할 수 있다.

Ⅳ. 현존하는 에피쿠로스 저작

아테네에 있던 에피쿠로스 학교("정원")의 제7대 수장이었던 아폴로도로스에 따르면, 에피쿠로스는 700권이 넘는 책을 썼다. 하지만 현재까지 온전히 남아 있는 것은 『헤로도토스에게 보낸 서신』, 『피토클레스에게 보낸 서신』, 『메노이케우스에게 보낸 서신』, 『주요 가르침들』, 이렇게 네 편이 전부다. 그리고 이 네 편은 모두 디오게네스 라에르티오스가 쓴 『저명한 철학자들의 생애와 사상』 제10권에 수록되어 있다. 1장 『에피쿠로스의 생애』와 4장 『현자론』은 디오게네스 라에르티오스가 쓴 글이다.

기원후 3세기 전반에 활동한 디오게네스 라에르티오스는 10권으로 된 이 저작에서 탈레스에서 시작해 에피쿠로스까지 거의 모든 철학자의 생애와 사상을 다루었는데, 마지막 권에서 에피쿠로스를 다루면서 이 네 편을 그대로 수록했다. 다른 저작들은 극히 단편적으로만 알려져 있다.

디오게네스가 남긴 사본들에는 그리스어로 '스콜리온'(σχόλιον, "주해, 해석")이라 불리는 난외주가 수록되어 있다. 스콜리온이 중요한 이유는 오늘날에는 사라졌지만 당시에는 존재했던 에피쿠로스의 저작들을 참고해서 주해와 해석을 달았기 때문이다. 본서에서는 R. D. Hicks, *Lives of Eminent Philosophers* (Cambridge: Harvard University Press, 1925)에 나와 있는 중요한 스콜리온의 그리스어 원문을 번역해 본문에서 대괄호([ ]) 안에 수록했다.

다음으로, 고대 로마의 유물론적 철학자이자 시인이었던 루크레티우스(기원전 약 99-55년)가 에피쿠로스 저작에 관해 많은 내용을 알려주고 있다. 그는 자신이 쓴 6권짜리 『사물의 본성에 대하여』 *De rerum natura*라는 철학시를 통해 에피쿠로스의 삶을 칭송하면서, 진정으로 실재하는 것은 더 이상 나눌 수 없고 무한한 수가 존재하는 가장 작은 입자인 "원자"와 그 원자가 활동하는 무한한 "허공"뿐이라는 원자론적 유물론에 근거해 모든 자연 현상, 인간 사회의 제도와 관습을 설명했고, 특히 두려움과 불안을 조장하는 인간 영혼과 신들에 대한 종교적이고 신화적인 견해를 비판했다.

루크레티우스는 에피쿠로스 철학을 로마에 최초로 소개한 인물이었고, 그의 저작인 『사물의 본성에 대하여』는 에피쿠로스가 쓴 『대요약집』을 많이 인용한 것으로 알려져 있다. 『대요약집』은 에피쿠로스가 쓴 37권으로 된 방대한 저작인 『자연학』을 요약한 것으로, 에피쿠로스의 원자론과 우주론이 담겨 있다. 고대 그리스와 로마의 서사시에서 사용된 "강약약 육보격" 운율로 되어 있는 7,400행으로 이루어진 철학시로, 『사물의 본성에 대하여』는 시적인 언어와 은유들을 통해 에피쿠로스의 자연학을 설명하는 저작이다. 제1권에서 제3권까지는 존재와 무, 물질과 허공, 원자와 그 운동, 우주의 무한성, 만물 생성의 규칙성, 지성의 본질, 물질적인 실체인 인간 영혼과 필멸성을 다룬다. 그리고 제4권부터 제6권까지는 시각을 중심으로 한 인간의 감각들과 지성을 통한 현상 인식, 성과 재생산, 자연력, 농업, 천체, 질병에 관한 원자론적이고 유물론적인 설명을 담고 있다. 루크레티우스의 이 저작은 에피쿠로스의 현존하는 저작 네 편에 나오는 내용과 많이 일치하기 때문에, 극히 요약된 형태로 되어 있는 네 편의 저작의 뜻을 밝히고 훼손된 부분들을 보완하는 역할을 한다.

다음으로 에피쿠로스 저작의 단편들을 담고 있는 것은 "헤르쿨라네움 파피루스"Herculaneum Papyri이다. 헤르쿨라네움은 폼페이의 이웃 마을로, 기원후 79년에 베수비우스 화산이 폭발하면서 화산재에 묻혀 있다가 18세기에 발굴을 통해 여러 유물이 나온 곳이다. 이곳에서 1,800개가 넘는 파피루스가 발견되었는데, 그 속에는 그리스 철학에 관한 글들도 상당수 포함되어 있었고, 그중 44개의 파피루스에는 에피쿠로스학파의 철학자이자 시인이었던 필로데모스(기원전 약 110-40년)가 쓴 36편의 저작도 수록되어 있었다. 필로데모스는 아테네로 가서, 에피쿠로스 학교의 제7대 수장 아폴로도로스(기원전 2세기 활동)의 제자였던 시돈 출신 제논에게서 에피쿠로스 철학을 배운 후에 로마로 갔다가 다시 헤르쿨라네움으로 간 인물이었다. 이 파피루스들은 탄화된 상태여서 해독이 무척 어려워 지금까지도 작업이 진행되고 있다.

이 파피루스에 수록된 것으로 알려진 저작들 중에는 『스토아학파 철학자들 소개』, 『아카데메이아학파 철학자들 소개』, 『스토아학파에』, 『에피쿠로스』, 『에피쿠로스의 기록들과 그 밖의 다른 것에 관한 저작』, 『에피쿠로스 학교의 친구들에게』, 『현상과 추론』, 『경건』, 『신론』, 『삶의 길과 신들』, 『악덕과 미덕』 제7권(아부), 제9권(가정 관리), 제10권(오만), 『윤리학』, 『죽음』, 『솔직한 비평』, 『분노』 등이 있다.

V. 텍스트

본서에 수록된 『에피쿠로스의 생애』, 『헤로도토스에게 보낸 서신』, 『피토클레스에게 보낸 서신』, 『현자론』, 『메노이케우스에게 보낸 서신』, 『주요 가르침들』은 모두 디오게네스 라에르티오스가 쓴 『저명한 철학자들의 생애와 사상』(Βίοι καὶ γνῶμαι τῶν ἐν φιλοσοφίᾳ εὐδοκιμησάντων) 제10권에 수록된 그리스어 원문을 원래 순서대로 번역한 것이다.

방금 말한 디오게네스 라에르티오스의 저작에 나오는 에피쿠로스에 관한 글들 그리고 『에피쿠로스 어록』과 『에피쿠로스 저자들의 단편』은 Cyril Bailey, *Epicurus: The Extant Remains* (Oxford: Clarendon Press, 1926)에 수록된 그리스어 원문을 번역했다.

번역본으로는 Cyril Bailey, *Epicurus: The Extant Remains* (Oxford: Clarendon Press, 1926), R. D. Hicks, *Lives of Eminent Philosophers* (Cambridge: Harvard University Press, 1925), George K. Strodach, *The Art of Happiness* (New York: Penguin Books, 2012)을 참조했다.

디오게네스 라에르티오스가 쓴 『저명한 철학자들의 생애와 사상』 최초 인쇄본은 1472년에 출간된 라틴어 번역본인 *Laertii*

*Diogenis Vitae et sententiae eorum qui in philosophia probati fuerunt*였고, 그리스어 본문 전체가 처음으로 출간된 것은 히에로니무스 프로벤Hieronymus Froben이 1533년에 펴낸 초판본이다. 그리고 1692년에는 문헌학자이자 덴마크 왕실도서관 최초의 사서였던 마커스 메이보미우스Marcus Meibomius는 그리스어 · 라틴어 대역본을 출간했는데, 그는 디오게네스 라에르티오스의 10권으로 된 『저명한 철학자들의 생애와 사상』 각 권을 동일한 크기의 단락으로 나누어 번호를 매겨 출간했다. 이 단락 번호는 오늘날에도 참조를 위해 널리 사용되고 있고, *Epicurus: The Extant Remains*에 수록되어 있는 그리스어 원문에서도 이 단락 번호를 사용했다. 이 책의 본문 난외주에 매긴 단락 번호도 이것을 따른다.

그리스어로 된 모든 고유명사는 문체부의 외래어 표기법을 따랐고, 고유명사 이외의 그리스어를 음역할 때는 그리스어 원래 발음을 그대로 표기했다. 그리스어 고전은 주로 아테네를 중심으로 한 아티케 방언으로 되어 있지만, 에피쿠로스는 이오니아 지방 사모스 섬 출신이어서, 그의 저작들은 이오니아 방언으로 되어 있다(예컨대, '하이데스'). 따라서 이 책에서는 본문에 나오는 고유명사는 그리스어 원문에 나오는 대로 표기했고, 각주나 해제에서도 대체로 본문에 나오는 그리스어를 따랐다.

에피쿠로스 연보

기원전

492년　페르시아 전쟁이 시작됨

470년경　소크라테스가 태어남

448년　페르시아 전쟁이 끝남

431년　펠로폰네소스 전쟁이 시작됨

427년　플라톤이 태어남

404년　펠로폰네소스 전쟁이 끝남

400년경　견유학파 시노페의 디오게네스가 태어남

399년　소크라테스가 아테네에서 사형선고를 받고 죽음

395년　코린토스 전쟁이 시작됨

385년경　플라톤이 아테네에 아카데메이아를 설립함

387년　코린토스 전쟁이 끝남

384년　아리스토텔레스가 태어남

367년 아리스토텔레스가 플라톤의 아카데메이아로 가
20년 동안 학생과 교사로 지냄

365년 회의학파의 시조 피론이 태어남

359년 마케도니아에서 필리포스 2세가 왕위에 오름

352년경 에피쿠로스의 아버지가 소아시아 그리스 식민지
사모스 섬으로 이주함

347년 플라톤이 죽고, 아리스토텔레스는 이후 7년 동안
아테네를 떠나 있음

341년 에피쿠로스가 소아시아 사모스 섬에서 태어남

338년 마케도니아의 필리포스 2세가 그리스의 맹주가 되고
아테네도 점령함

336년 마케도니아의 필리포스 2세가 죽고,
알렉산드로스 대왕이 즉위함
견유학파 디오게네스의 제자 크라테스가 태어남

335년 아리스토텔레스가 아테네로 돌아와
"리케이온"(소요학파)을 설립함
이때부터 10여 년간 대부분의 책을 저술함
스토아학파의 창시자 제온이 태어남

330년경 스토아학파 제논의 제자 클레안테스가 태어남

323년 에피쿠로스가 아테네로 와 몇 년을 머물다
이오니아로 돌아감(18세)
견유학파 시노페의 디오게네스가 죽음

322년 아리스토텔레스가 죽음
에피쿠로스의 가족이 콜로폰으로 이주함

320년경 회의학파 피론의 제자 티몬이 태어남

317년 마케도니아가 데메트리오스를 아테네 총독으로 임명함

306년 에피쿠로스가 아테네로 돌아와 학교를 세움(32세)

286년 견유학파 디오게네스의 제자 크라테스가 죽음

275년 회의학파의 시조 피론이 죽음

270년 에피쿠로스가 아테네에서 죽음(72세)

263년 스토아학파의 창시자 제논이 죽음

230년 스토아학파 제논의 제자 클레안테스가 죽음

회의학파 피론의 제자 티몬이 죽음

옮긴이 **박문재**

서울대학교 법과대학 법학과와 장로회신학대학교 신학대학원 및 동 대학원을 졸업했으며, 독일 보쿰 대학교에서 수학했다. 또한, 고전어 연구기관인 비블리카 아카데미아Biblica Academia에서 오랫동안 고대 그리스어와 라틴어를 익히고, 고대 그리스어와 라틴어 원전들을 공부했다. 대학 시절에는 역사와 철학을 두루 공부했으며, 전문 번역가로 30년 이상 인문학과 신학 도서를 번역해왔다.
역서로는 『자유론』(존 스튜어트 밀), 『프로테스탄트 윤리와 자본주의 정신』(막스 베버), 『실낙원』(존 밀턴) 등이 있고, 라틴어 원전을 번역한 책으로 『고백록』(아우구스티누스), 『철학의 위안』(보에티우스), 『유토피아』(토머스 모어) 등이 있다. 그리스어 원전에서 옮긴 아우렐리우스의 『명상록』과 『소크라테스의 변명·크리톤·파이돈·향연』, 『아리스토텔레스 수사학』, 『아리스토텔레스 시학』, 『이솝우화 전집』 등은 매끄러운 번역으로 독자들의 호평을 받고 있다.

현대지성 클래식 47

에피쿠로스 쾌락

1판 1쇄 발행 2022년 12월 22일
1판 4쇄 발행 2024년 5월 24일

지은이 에피쿠로스
옮긴이 박문재
발행인 박명곤 **CEO** 박지성 **CFO** 김영은
기획편집1팀 채대광, 김준원, 이승미, 이상지
기획편집2팀 박일귀, 이은빈, 강민형, 이지은, 박고은
디자인팀 구경표, 구혜민, 임지선
마케팅팀 임우열, 김은지, 전상미, 이호, 최고은

펴낸곳 (주)현대지성
출판등록 제406-2014-000124호
전화 070-7791-2136 **팩스** 0303-3444-2136
주소 서울시 강서구 마곡중앙6로 40, 장흥빌딩 10층
홈페이지 www.hdjisung.com **이메일** support@hdjisung.com
제작처 영신사

"인류의 지혜에서 내일의 길을 찾다"

현대지성 클래식

1 **그림 형제 동화전집**
그림 형제 | 아서 래컴 그림 | 김열규 옮김 | 1,032쪽

2 **철학의 위안**
보에티우스 | 박문재 옮김 | 280쪽

3 **십팔사략**
증선지 | 소준섭 편역 | 800쪽

4 **명화와 함께 읽는 셰익스피어 20**
윌리엄 셰익스피어 | 존 에버렛 밀레이 그림
김기찬 옮김 | 428쪽

5 **북유럽 신화**
케빈 크로슬리-홀런드 | 서미석 옮김 | 416쪽

6 **플루타르코스 영웅전 전집 1**
플루타르코스 | 이성규 옮김 | 964쪽

7 **플루타르코스 영웅전 전집 2**
플루타르코스 | 이성규 옮김 | 960쪽

8 **아라비안 나이트(천일야화)**
르네 불 그림 | 윤후남 옮김 | 336쪽

9 **사마천 사기 56**
사마천 | 소준섭 편역 | 976쪽

10 **벤허**
루 월리스 | 서미석 옮김 | 816쪽

11 **안데르센 동화전집**
한스 크리스티안 안데르센 | 한스 테그너 그림
윤후남 옮김 | 1,280쪽

12 **아이반호**
월터 스콧 | 서미석 옮김 | 704쪽

13 **해밀턴의 그리스 로마 신화**
이디스 해밀턴 | 서미석 옮김 | 552쪽

14 **메디치 가문 이야기**
G. F. 영 | 이길상 옮김 | 768쪽

15 **캔터베리 이야기(완역본)**
제프리 초서 | 송병선 옮김 | 656쪽

16 **있을 수 없는 일이야**
싱클레어 루이스 | 서미석 옮김 | 488쪽

17 **로빈 후드의 모험**
하워드 파일 | 서미석 옮김 | 464쪽

18 **명상록**
마르쿠스 아우렐리우스 | 박문재 옮김 | 272쪽

19 **프로테스탄트 윤리와 자본주의 정신**
막스 베버 | 박문재 옮김 | 408쪽

20 **자유론**
존 스튜어트 밀 | 박문재 옮김 | 256쪽

21 **톨스토이 고백록**
레프 톨스토이 | 박문재 옮김 | 160쪽

22 **황금 당나귀**
루키우스 아풀레이우스 | 장 드 보쉐르 그림
송병선 옮김 | 392쪽

23 **논어**
공자 | 소준섭 옮김 | 416쪽

24 **유한계급론**
소스타인 베블런 | 이종인 옮김 | 416쪽

25 **도덕경**
노자 | 소준섭 옮김 | 280쪽

26 **진보와 빈곤**
헨리 조지 | 이종인 옮김 | 640쪽

27 **걸리버 여행기**
조너선 스위프트 | 이종인 옮김 | 416쪽

28 **소크라테스의 변명·크리톤·파이돈·향연**
플라톤 | 박문재 옮김 | 336쪽

29 **올리버 트위스트**
찰스 디킨스 | 유수아 옮김 | 616쪽

30 **아리스토텔레스 수사학**
아리스토텔레스 | 박문재 옮김 | 332쪽

31 공리주의
존 스튜어트 밀 | 이종인 옮김 | 216쪽

32 이솝 우화 전집
이솝 | 아서 래컴 그림 | 박문재 옮김 | 440쪽

33 유토피아
토머스 모어 | 박문재 옮김 | 296쪽

34 사람은 무엇으로 사는가
레프 톨스토이 | 홍대화 옮김 | 240쪽

35 아리스토텔레스 시학
아리스토텔레스 | 박문재 옮김 | 136쪽

36 자기 신뢰
랄프 왈도 에머슨 | 이종인 옮김 | 216쪽

37 프랑켄슈타인
메리 셸리 | 오수원 옮김 | 320쪽

38 군주론
마키아벨리 | 김운찬 옮김 | 256쪽

39 군중심리
귀스타브 르 봉 | 강주헌 옮김 | 296쪽

40 길가메시 서사시
앤드류 조지 편역 | 공경희 옮김 | 416쪽

41 월든·시민 불복종
헨리 데이비드 소로 | 허버트 웬델 글리슨 사진
이종인 옮김 | 536쪽

42 니코마코스 윤리학
아리스토텔레스 | 박문재 옮김 | 456쪽

43 벤저민 프랭클린 자서전
벤저민 프랭클린 | 강주헌 옮김 | 312쪽

44 모비 딕
허먼 멜빌 | 레이먼드 비숍 그림 | 이종인 옮김 | 744쪽

45 우신예찬
에라스무스 | 박문재 옮김 | 320쪽

46 사람을 얻는 지혜
발타자르 그라시안 | 김유경 옮김 | 368쪽

47 에피쿠로스 쾌락
에피쿠로스 | 박문재 옮김 | 208쪽

48 이방인
알베르 카뮈 | 윤예지 그림 | 유기환 옮김 | 208쪽

49 이반 일리치의 죽음
레프 톨스토이 | 윤우섭 옮김 | 224쪽

50 플라톤 국가
플라톤 | 박문재 옮김 | 552쪽

51 키루스의 교육
크세노폰 | 박문재 옮김 | 432쪽

52 반항인
알베르 카뮈 | 유기환 옮김 | 472쪽

53 국부론
애덤 스미스 | 이종인 옮김 | 1,120쪽

54 파우스트
요한 볼프강 폰 괴테 | 외젠 들라크루아 외 그림
안인희 옮김 | 704쪽

55 금오신화
김시습 | 한동훈 그림 | 김풍기 옮김 | 232쪽

56 지킬박사와 하이드 씨
로버트 루이스 스티븐슨 | 에드먼드 조지프 설리번 외 그림 |
서창렬 옮김 | 272쪽

57 직업으로서의 정치·직업으로서의 학문
막스 베버 | 박문재 옮김 | 248쪽

현대지성 클래식 살펴보기